Lieber Leser, liebe Leserin!

Vor Jahren habe ich eine bekannte Mutter von einem schwerbehinderten Sohn beim Einkaufen getroffen. Sie saß scheinbar erschöpft auf einer Bank und fragte mich ernsthaft: „Wie kann man bei deiner Belastung nur so gut aussehen?" Damals hatte ich keine Antwort darauf. Heute kenne ich den Begriff „Resilienz" und könnte ihr als Resilienz-Beraterin eine Antwort darauf geben. Ich möchte sie nicht nur ihr geben, sondern möglichst vielen, die die Pflege eines Angehörigen zuhause übernehmen und die vielfältigen Belastungen täglich zu spüren bekommen. Dieses Buch soll Möglichkeiten aufzeigen, wie der Alltag mehr Leichtigkeit bekommt.

Wahrscheinlich ist für dich nicht jedes Kapitel gerade interessant. Dann überspringe es einfach und nimm das Buch vielleicht später noch einmal zur Hand. Wenn es dir geholfen hat, gib es weiter an andere Betroffene.

Pflege zuhause ist gelebte Liebe und gleichzeitig eine große Anstrengung. Ich wünsche mir, dass es dir gut dabei geht.

Bettina Hellmann

Eule oder Nachtigall

Resilienz für pflegende Angehörige

www.tredition.de

© 2021 Bettina Hellmann

Verlag und Druck: tredition GmbH, Halenreie 40-44, 22359 Hamburg

ISBN
Paperback: 978-3-347-41420-4
Hardcover: 978-3-347-41421-1
e-Book: 978-3-347-41422-8

Für Stefan

Inhalt

Was bedeutet Resilienz im Alltag?

Zu jedem Leben gehören Veränderungen – und manche Veränderungen reißen uns den Boden unter den Füßen weg. Ob wir eine Veränderung als Krise empfinden ist individuell sehr verschieden. Jeder hat seine persönliche Schmerzgrenze woanders und eine andere Sicht auf die Dinge, die passieren. „Wat den een sien Uhl is den annern sien Nachtigall", lautet ein Plattdeutsches Sprichwort. Übersetzt heißt es: „Was für den einen eine Eule (Sinnbild für Unglück) ist, ist für den andern eine Nachtigall (ein Singvogel bringt Glück)." Natürlich kann man im Zusammenhang mit schweren Erkrankungen oder Behinderungen nicht gerade von Glück reden – es sei denn, es hätte noch schlimmer kommen können. Nachtigall-

Menschen sehen in schicksalhaften Ereignissen eher eine Herausforderung als eine Krise. Sie waren in ihrem Leben vielleicht schon öfter erfolgreich darin, Herausforderungen gemeistert zu haben und haben deshalb Vertrauen in ihre eigenen Kräfte und Möglichkeiten.

Was den Nachtigall-Menschen hilft ist ihre Widerstandsfähigkeit und Flexibilität, ihre Resilienz.

Um Resilienz ist ein Forschungsgebiet entstanden. Die Resilienz-Forschung befasst sich mit der Frage, warum es manchen Menschen gelingt, aus Krisen gestärkt hervorzugehen und trotz schwerer Belastungen gesund zu bleiben.

Einen Angehörigen zu Hause zu pflegen bedeutet für viele Betroffene eine schwere Belastung. Und dies sowohl körperlich als auch seelisch. Dazu kann gehören, dass man den Angehörigen heben, umsetzen, waschen, füttern und den Haushalt führen muss. Ebenso gehört dazu, sich Sorgen um die zukünftige Entwicklung zu machen, sich zu fragen wie sich der Gesundheitszustand des Angehörigen verändern wird und wie lange man selbst noch in der Lage sein wird diese Arbeit auszuüben.

Familienangehörige und Freunde haben eigene Vorstellungen von der Pflege und geben diese gerne zum Besten. Außerdem haben sie eigene Ansprüche an die Pflegeperson und wünschen sich, dass sich für sie möglichst wenig ändert.

Es gehört auch dazu sich mit Behörden, Kranken- und Pflegekassen-MitarbeiterInnen auseinander zu setzen, die nicht verstehen oder verstehen wollen, warum man etwas von Ihnen will und die sich an ihre Vorschriften halten.

Wie soll man dabei fröhlich bleiben? Und wo bleibt man selbst dabei?

Es gibt eine Geschichte dazu, deren Quelle unbekannt ist:

Eine Frau streute in ihrem Garten die Samen wunderschöner Blumen aus. Die Saat ging auf, aber es wuchsen nicht nur die Blumen sondern auch der Löwenzahn. Mit allen ihr bekannten Methoden versuchte sie, den Löwenzahn auszurotten, aber er kam immer wieder. Nun machte sie sich auf, um einen Meister des Gärtnerns zu befragen. Aber was er auch vorschlug, sie hatte alles bereits erfolglos ausprobiert. So saßen sie ratlos zusammen, bis am Ende der Gärtner die Frau ansah und sagte: „Wenn alles nichts nützt, dann gibt es nur einen Ausweg: Lerne den Löwenzahn zu lieben!"

Unser Denken hat einen großen Einfluss auf unser Wohlbefinden. Die Frau in der Geschichte ist unglücklich, weil sie glaubt, dass Löwenzahn nicht in ihr Blumenbeet gehört. Löwenzahn hat eine kräftig gelbe Blüte. Auf einer Wiese ist er eine Augenweide. Besonders schön sieht es aus, wenn die Wiese übersät ist mit Löwenzahn. Warum also betrachtet sie ihn als Unkraut und nicht als Blume?

Einen Angehörigen zu pflegen bedeutet nicht nur Arbeit, sondern auch ein Ich-bin-für-dich-da! Das ist mehr als Fürsorge, es ist Liebe. Gibt es eine größere Motivation? Im Alltag vergessen wir warum wir etwas tun, weil die täglichen Anforderungen unser Denken und Handeln bestimmen. Die Aufgaben sind so umfangreich, dass alles andere ausgeblendet werden muss und man irgendwann nur noch funktioniert. Resilienz unterstützt dabei, einen guten Umgang mit dieser Herausforderung zu finden, so dass der Spaß an der Aufgabe und die Freude am Leben erhalten bleibt. Und dies ist die gute Nachricht: Resilienz ist nicht nur etwas, das man hat oder nicht hat. Man kann sie lernen!

Resilienz wird beeinflusst von persönlichen und individuellen Ressourcen wie z. B.
- der inneren Haltung, von Einstellungen und Überzeugungen
- von Charaktereigenschaften wie Geduld und Durchhaltevermögen
- von Erfahrungen und Kompetenzen
- von Fähigkeiten und Fertigkeiten.
Neben diesen persönlichen Ressourcen beeinflussen äußere Faktoren die Resilienz, wie
- Vorbilder, die Orientierung geben
- Bezugspersonen (mindestens eine zuverlässige!)
- ein Umfeld mit Raum für neue Erfahrungen, in dem Fehler gemacht werden dürfen
- und Zukunftsperspektiven mit positiven Erwartungen.

Von diesen Ressourcen hat jeder etwas, aber vielleicht in dem einen oder anderen Bereich nicht genug. Wenn du magst, folge mir in diesem Buch und meinen Betrachtungen zu der Frage, wie Ressourcen für die Pflege zuhause aufgefüllt werden können.
Übrigens erinnere ich mich an einen Vorfall in meiner Familie: In den Ritzen der gepflasterten Einfahrt an unserem Haus hatte sich Löwenzahn ausgesät und begann schon zu blühen. Ich wollte ihn herausziehen und wurde dafür heftig von meiner damals 8jährigen Tochter beschimpft: Was mir einfallen würde, ihre Lieblingsblumen auszureißen!! Das dürfe ich doch nicht tun!
Man kann ihn also lieben, den Löwenzahn...

Ein kleiner Hinweis: Wenn ich im Folgenden von dem Angehörigen, Pflegenden oder Betreuer schreibe, dann schließt das natürlich alle Geschlechter ein.

Veränderungsschock: Schmerz und Trauer

Jeder hat eine Idee von seinem Leben: Ich habe Ziele im Beruf und Wünsche für meine Familie. Alle sollen möglichst glücklich und erfolgreich sein – ich selbst natürlich auch. Ich möchte meine Vorlieben uneingeschränkt ausüben können, sei es im Sport oder kreativ, mit einem Haustier oder durch Reisen ... Ich möchte meinen Wohlstand genießen, eine Wohnung oder ein Haus mit Garten, gutes Essen, ein besonderes Fahrrad oder ein Wohnmobil... Das habe ich verdient, dafür arbeite ich. Das ist mein Ausgleich, meine Freiheit!

Und dann passiert es: eine Diagnose zerstört von jetzt auf gleich meinen Lebenstraum. Sie betrifft mich nicht selbst, aber einen Angehörigen, mit dem ich meinen Traum teilen wollte und/oder für den ich mich verantwortlich fühle.

Betrifft die Diagnose mein Kind, dann ist der Schmerz besonders groß. Ich bin für mein Kind, seine Entwicklung und

Gesundheit verantwortlich. Und ich liebe es mehr als jeden anderen.

Je mehr man liebt, desto mehr leidet man.

So oder so, es ist, als ob ein Vorhang fällt. Die Vorstellung - mein Leben, so wie ich es mir wünsche - scheint (zunächst!) zu Ende zu sein.

Wir schwer ich diesen Schicksalsschlag nehme, hängt von meiner inneren Haltung ab. Wie beurteile ich die neue Situation? Denke ich, dass Veränderungen und Schicksalsschläge etwas sind, das zum Leben gehört? Es passiert einfach und ich werde einen Weg finden. Ich nehme die Herausforderung als sinnstiftende Aufgabe an.

Oder sehe ich sie eher als einen Eingriff in meine Persönlichkeitsrechte? Es ist ein Angriff gegen mich, gegen meine Gewohnheiten und gegen meine persönliche Freiheit!

Oder kapituliere ich gar, lasse die Flügel hängen, weil ich nicht genügend Energie und zu wenig Vertrauen in mich selbst habe, um diese Herausforderung anzunehmen.

So unterschiedlich wie wir Menschen sind, so viele Strategien gibt es zur Bewältigung von Schwierigkeiten.

Resilient reagieren kann bedeuten das Geschehene zu akzeptieren. Und Akzeptieren gelingt mir, wenn ich mir zutraue, mit der neuen Situation fertig zu werden. Habe ich in der Vergangenheit Schwierigkeiten erfolgreich gemeistert, bestärkt dies mein Vertrauen in mich selbst.

Zu meinen persönlichen Strategien gehört es Informationen zu sammeln. Ich möchte verstehen, was passiert ist und warum. Das hilft mir einzuschätzen, welche Möglichkeiten ich habe, mich einzubringen und zu unterstützen. Wenn Informationen vorhanden sind, bedeutet es, ich bin nicht allein mit dem Problem. Es gab vor mir schon viele, die dasselbe erlebt und gemeistert haben. Es ist normal. Informationen erweitern nicht nur meinen Horizont und bringen mich auf neue Ideen, sie beruhigen mich auch.

Was passiert nach dem ersten Schock?
Wir erleben Trauer.
Die Schweizer Psychologin Verena Kast (Verena Kast, „Trauern", Kreuz, 1999) beschreibt vier Phasen der Trauer, die sich auf die Situation von Angehörigen von Pflegebedürftigen übertragen lässt:

1. Nicht wahr-haben-wollen
Es ist ein Schock, ich bin fassungslos. Ich kann es mir nicht vorstellen - mir fehlt die Erfahrung – und deshalb kann es auch nicht sein.

2. Aufbrechende Emotionen
Gefühle brechen sich Bahn. „Warum trifft es gerade uns?", frag ich mich. Ich fühle Wut, Schmerz und Zorn. Das wechselt sich ab mit tiefer Traurigkeit. Ich suche einen Schuldigen. Jemand muss doch dafür verantwortlich sein! Der behandelnde Arzt hat die Erkrankung nicht früh genug erkannt. Der Angehörige hat sich nicht gesund verhalten oder Warnzeichen zu lange ignoriert. Vielleicht habe ich auch Schuldgefühle, weil es meinen Angehörigen trifft und nicht mich.
Bei einem Kind denke ich vielleicht, ich habe mich falsch verhalten, z. B. während der Schwangerschaft, oder es hat mit meinen Genen zu tun.
Ich habe Angst vor dem, was auf mich zu kommt und wie ich es bewältigen soll. Das Gefühl einer Ohnmacht und Mit-Leid sind ausgeprägt.

3. Innere Auseinandersetzung mit dem Verlust
Jetzt suche ich nach Wegen, wie es weitergehen kann. Was
kann ich selber machen, woher bekomme ich Hilfe? Wie kann
ich meine Zeit einteilen? Welche äußeren Bedingungen
müssen geändert werden? Ist ein Umzug erforderlich oder
sind bauliche Veränderungen möglich? Wo fange ich an?
Gleichzeitig versuche ich alte Gewohnheiten aufrecht zu
erhalten. Es soll möglichst alles so weitergehen wie bisher. Ich
klammere mich an das „Alte", weil es mir ein Gefühl von
Sicherheit vermittelt. Es war mir bislang wichtig und ich bin
nicht bereit es aufzugeben.
Diese Phase der inneren Auseinandersetzung kann sehr lange
dauern. Eine Krankheit oder Behinderung ist mit der Diagnose
nicht abgeschlossen. Sie verändert sich und mit ihr die
Anforderungen, die sie an das Umfeld und die Pflegepersonen
stellt.

4. Neuer Selbst-und Weltbezug
Ich finde mich und meine Rolle und akzeptiere die
Veränderungen. Der Schmerz über den eigenen Verlust und
das Mitleiden lassen nach. Ich bin mir bewusst, warum ich
mich kümmere. Zuneigung und Liebe sind große Antreiber. Sie
helfen mir dabei, Zufriedenheit zu gewinnen.

Die Phasen werden nicht strikt nacheinander durchlaufen.
Nicht selten fällt man von einer Phase zurück in eine
vorangegangene. So ist es gut möglich, dass man die meiste
Zeit zuversichtlich in die Zukunft blickt und doch plötzlich
wieder von einer lähmenden tiefen Traurigkeit, von
Zukunftsangst oder Wut(warum ich? Warum
wir?)heimgesucht wird.

Große Verunsicherung entsteht in der Beziehung zum betroffenen Angehörigen: Wie wird sie sich verändern? Betrifft es ein Kind, fragt man sich: Wie kann sie sich weiter entwickeln?

Was wird der Angehörige wahrnehmen und wie lange noch? Ist ihm bewusst, dass sich etwas an ihm verändert und was macht das mit ihm? Was fühlt er dabei? Wie wird er sich äußern können?

Ist dein Partner oder deine Partnerin betroffen: Was wird aus der Liebe, wenn sich die Rollen so stark ändern, dass einer in diese besondere Abhängigkeit vom anderen gerät?

Du übernimmst eine Rolle, die du vielleicht nie haben wolltest. Du musst stark sein, organisieren, Entscheidungen treffen, handeln, pflegen. Vielleicht übernimmst du die gesetzliche Betreuung. Das ist eine Aufgabe, in die du dich hineinarbeiten musst und die eine besondere Verantwortung beinhaltet. Erwachsene Angehörige haben vor einer Erkrankung oder Behinderung Aufgaben erledigt, die sie danach nicht mehr ausüben können. Musst du das übernehmen? Kannst du das auch noch leisten?

Es kann sein, dass ein Angehöriger Fähigkeiten verliert, die du immer sehr geschätzt hast. Kommst du damit klar, wirst du ihn trotzdem weiter achten und lieben?

Später werden Veränderungen im persönlichen Umfeld deutlich. Es gibt Freunde und Verwandte, die dir zur Seite stehen, aber auch andere, die sich abwenden und mit Krankheit und Behinderung nichts zu tun haben wollen. Die Letzteren wirst du seltener zu Gesicht bekommen und das wird dir nicht immer egal sein, sondern dich verletzen. Aber freue dich darauf: Du wirst neue Menschen kennenlernen, die deine Situation verstehen und dein Leben bereichern. Du bist als pflegender Angehöriger nicht allein.

Überlegungen:

Forsche in deiner Vergangenheit, welche Schwierigkeiten du bereits gemeistert hast.
Was war hilfreich dabei und wer?
Welche Erfahrung könnte dir jetzt nützlich sein?

Kinder pflegen

Ich werde den Moment nie vergessen, als ich erfuhr, dass mein Sohn eine Behinderung haben würde. Ich habe zunächst geglaubt, dass mein fröhliches, unbeschwertes Leben nun vorbei sei. Hoffnung und Angst haben sich abgewechselt. Die Hoffnung, dass noch etwas zu retten ist und die Angst und Ungewissheit vor dem, was auf uns Eltern zukommt.
Im Nachhinein stelle ich fest, ich habe viel gelacht in meinem bisherigen Leben und bin an der Herausforderung, Mutter zweier Kinder mit Behinderung zu sein, gewachsen. Das, was mir wichtig war für mein Leben, hat sich deutlich geändert. Heute lebe ich weniger für die Arbeit und den Erfolg und viel

mehr für das Wohlergehen meiner Mitmenschen. Das macht glücklich!

Sehr schnell verabschiedet man sich von allen Träumen, die man als Eltern von seinen Kindern hat: wie gut sie in der Schule oder beim Sport sein werden, welchen Beruf sie ergreifen werden und wie erfolgreich sie sein werden. Das ist wie ein kurzer harter Schnitt und man ist durch – bei Eltern von gesunden Kindern kommt das später und meist über einen längeren Zeitraum hinweg. Die schulischen Ergebnisse der Wunderkinder lassen zu wünschen übrig, sportlich geht es nicht weiter und die Berufswahl ist auch nicht gerade das, was man sich erträumt hat ...

Was bleibt ist die Sorge, wie es für die Kinder weitergeht, wenn man als Eltern nicht mehr in der Lage sein wird, sich um sie zu kümmern. Wer wird die Verantwortung übernehmen? Gerne denkt man da an Geschwisterkinder, aber Achtung: Sie haben ein Recht auf ein eigenes Leben. Wie gut, wenn sie sich später selbst dafür entscheiden sich einzubringen. Eine kompromisslose Erwartungshaltung der Eltern verursacht eher eine Abwehrhaltung beim Geschwisterkind.

Für Kinder gibt es Fördermöglichkeiten in unterschiedlichsten Bereichen:

- Frühförderung für Kinder bis zum Schulalter, die Unterstützung in ihrer körperlichen, geistigen und seelischen Entwicklung benötigen. Die Angebote umfassen Beratung, medizinisch-therapeutische Hilfen bis hin zur (heil)pädagogischen Förderung.

- Kindertagesstätten als Sonderkindergärten für Kinder mit Behinderungen oder integrative Kindergärten, wo Kinder mit und ohne Behinderungen gemeinsam spielen und lernen. Dann gibt es noch die Möglichkeit der Einzelintegration oder integrative Gruppen in Kindergärten, die Platz für ein oder mehrere Kinder mit Behinderungen vorhalten.

- Schulen tun sich zum Teil heute noch schwer damit, Kinder mit Behinderungen aufzunehmen. Das Schulsystem macht sich zwar auf den Weg zur Integration, aber Lehrer fühlen sich oft noch nicht gut genug darauf vorbereitet. Eine Klasse in der Größe, wie sie in den Regelschulen gebildet werden, überfordert Kinder mit Behinderungen nicht selten. Sie sind nicht in der Lage die Vielzahl der Eindrücke, die Unruhe und Lautstärke zu verarbeiten und zu verkraften. In Integrationsklassen lernen Kinder mit und ohne Behinderung gemeinsam. Dort unterrichten in der Regel zwei Lehrer gemeinsam. Daneben gibt es heute noch Sonderschulen mit unterschiedlichen Schwerpunkten, wie Lernen, geistige, körperliche oder emotionale Entwicklung, Hören, Sehen, Sprache.
Bevor sich Eltern für eine Schulform entscheiden, sollten sie klären, welche Schule am besten auf die Bedürfnisse ihres Kindes zugeschnitten ist. Das erspart ihnen und ihrem Kind Stress wegen Über- oder Unterforderung des Kindes. Kinder mit Behinderungen in einer integrativen Klasse sind gut für die gesunden Kinder. Sie lernen soziales Verhalten. Vielleicht profitiert auch das Kind mit Behinderung, weil die gesunden Kinder einen Ansporn bedeuten. Es kann aber auch sein, dass das Kind mit Behinderung immer die Rolle des Schwächsten inne hat. Das ist wenig hilfreich für die Entwicklung seines Selbstbewusstseins.
Ein Gedanke bei der Wahl der Schule sollte der Entfernung vom Wohnort gelten. Kinder mit Behinderungen werden von

einem Busunternehmen abgeholt. Dieses Busunternehmen holt selten nur ein Kind ab, was die Fahrzeit verlängert. Eine lange Busfahrt kann ein Kind anstrengen.

- Familienentlastende Dienste (FED) und Familienunterstützende Dienste (FUD) stellen Betreuungs- und Pflegehilfen stunden-oder tageweise bis mehrtägig. Sie schaffen Freiräume für Familien, so dass Eltern mal alleine oder mit Geschwisterkindern etwas unternehmen können. Und sie unterstützen und begleiten Kinder und Jugendliche außerhalb des Elternhauses und bei Freizeitaktivitäten.

- Therapien unterschiedlichster Art, wie Physiotherapien unterschiedlichster Art, Ergo-, Musik-, Kunst-, Reit- und tiergestützte Therapie können die Entwicklung des Kindes unterstützen. Nicht alles bezahlen die Krankenkassen. Es gibt Stiftungen, die finanzielle Unterstützung leisten. Schwierig ist es, das richtige Maß an Therapien zu finden. Zu wenig hilft nicht, zu viel kann zur Therapiemüdigkeit führen und zur Blockade einer Weiterentwicklung.

Je älter Kinder werden desto größer wird das Thema Freundschaften. In der Kindergartenzeit werden Kinder mit Behinderungen noch zu Geburtstagsfesten eingeladen. Irgendwann sind die gesunden Kinder um vieles schneller und beweglicher und haben keine Lust, auf das langsamere Kind zu warten. Später ist die Kommunikationsfähigkeit ein wichtiger Faktor für das Aufrechthalten von Beziehungen. Ich kenne Menschen mit und ohne Behinderungen, die sich nur unter „Ihresgleichen" wohlfühlen und auf jede Andersartigkeit mit Ängsten und Ablehnung reagieren oder sie zumindest anstrengend finden. Für Menschen mit

Behinderungen kann das Leben unter ihresgleichen einen Schutzraum bedeuten, in dem sie so sein dürfen, wie sie sind. Letztendlich ist das aber individuell sehr unterschiedlich. Es gibt auch diejenigen, die sich das „ganze Leben" wünschen und in der Gesellschaft integriert sein möchten.

Gesunde Menschen, die den Anblick eines Menschen mit Behinderung nicht ertragen können oder wollen, haben nicht selten Angst davor, selbst in eine solche Situation geraten zu können. Ihre ablehnende Haltung ist ihr Problem und nicht das Problem des Menschen mit einer Behinderung oder seiner Begleitung! Im Übrigen gibt es zahlreiche Menschen, die sich über die Andersartigkeit freuen und ein entspanntes und offenes Verhältnis dazu haben.

Auch heute noch bekommen Eltern von Kindern mit Behinderungen zu hören: "Muss es so etwas heute noch geben?" Gemeint ist: „Hätte dieser Mensch nicht abgetrieben werden können?" Ich meine: Ja, diese Menschen muss es geben! Menschen mit Behinderungen haben eine wichtige und unschätzbare Botschaft für uns: Es kommt nicht darauf an, ob du irgendeinem Anspruch genügst. Zufriedenheit erlangst du, wenn du **deinem** Anspruch genügst. Das ist etwas, was uns diese Menschen zeigen und was sie so liebenswert macht. Und das beeindruckt mich immer wieder aufs Neue.

Überlegungen:

Welchen Anspruch hast du an dich selbst?
Wo kommt er her: Ist es dein Anspruch oder der Anspruch
eines anderen an dich?
Fühlst du dich dem Anspruch gewachsen?

Pflege selbst machen!?

Es ist keine leichte Entscheidung, Pflege selbst zu
übernehmen. Die Pflege eines anderen bedeutet immer auch
ein Stück Selbstaufgabe. Ich gebe Freiheit und Spontanität auf,
das sollte mir klar sein.
Ein wesentlicher Faktor ist wie der Angehörige selbst mit
seiner Einschränkung klarkommt. Kann er seine Situation
akzeptieren oder hadert er mit seinem Schicksal? Strahlt er
Zufriedenheit aus und ist dankbar für Unterstützung oder ist
er unzufrieden und wütend, fühlt sich vom Schicksal
benachteiligt und reagiert aggressiv? Jemanden zu pflegen,

von dem man als Ventil für jeglichen Unmut benutzt wird, ist für einen Nicht-Profi kaum zu ertragen. Es ist nur eine Frage des individuellen Durchhaltevermögens bis man selbst aggressiv wird oder sogar krank.

Je nach dem Grad der Einschränkung des Angehörigen muss jedes Verlassen der häuslichen Umgebung geplant und die Versorgung und Betreuung des Angehörigen organisiert werden. Sei es zum Einkaufen, für einen Besuch oder Spaziergang oder gar länger für einen Wochenendtrip oder eine Reise,
Es ist gar nicht so einfach jemanden zu finden, der Pflege und Betreuung vorübergehend übernimmt, dem ich vertraue und dem der Angehörige positiv zugetan ist.
Für ältere Menschen gibt es die Möglichkeit der Unterbringung in einer Tagespflegestätte. Tagespflege bedeutet eine Versorgung tagsüber in einer Einrichtung und das Wohnen-bleiben und Schlafen zuhause. Dort werden kreative und gesellige Angebote gemacht und die Besucher werden pflegerisch und mit Mahlzeiten versorgt. Die Unterbringung kann täglich oder an einzelnen Tagen vereinbart werden, oft auch am Wochenende.
Für den Fall, dass du mal ein Wochenende oder für einen Urlaub frei haben möchtest oder krank wirst, gibt es die Verhinderungspflege. Sie kann sowohl als ambulante als auch als teilstationäre Leistung in Anspruch genommen werden.
Ebenfalls zur Entlastung von pflegenden Angehörigen wurde die Kurzzeitpflege eingeführt. Dabei handelt es sich um eine vollstationäre, zeitlich begrenzte Unterbringung in einer Pflegeeinrichtung. Allerdings sind die Plätze begrenzt und müssen oft langfristig reserviert werden.

Ich habe sehr oft erlebt, dass Pflegebedürftige sich heftig gegen die Pflege von Fremden und die Unterbringung in Pflegeeinrichtungen gewehrt haben. Es war enorm schwer für sie, zu akzeptieren, dass sie nicht mehr in der Lage sein sollten, für sich selbst zu sorgen bzw. mit Hilfe von ihrem verlängerten Arm, den Kindern. Die Kinder sah man gerne, sie vertrieben die Einsamkeit und ließen alte Zeiten wieder aufleben, aber den Pflegedienst brauchte man doch nicht. Oft hatte das mit Scham zu tun und der Angst vor einem Fremden sowie den Kosten. Wenn sie jedoch merkten, was und wie der Pflegedienst arbeitete, dass nette Leute kamen, die sich kümmerten und durch das regelmäßige Erscheinen dem Tag eine Struktur gaben, dann gewöhnten sie sich bald daran. Lass dich nicht verunsichern, wenn dein Angehöriger zunächst ablehnend reagiert. Mach ihm den Vorschlag einer Probezeit, in der alle Beteiligten ihre Erfahrungen sammeln können.

Ähnliches passiert häufig, wenn der Medizinische Dienst der Krankenkassen (MDK) ins Haus kommt um den Pflegegrad festzustellen oder zu überprüfen. Dann geben Pflegebedürftige plötzlich alles, um einen möglichst „guten Eindruck" zu hinterlassen. In Bezug auf die Feststellung des Pflegegrades ist das natürlich kontraproduktiv. Ein erfahrener Mitarbeiter vom MDK weiß jedoch, wie er herausbekommt, wo der Pflegebedürftige wirklich steht.

Finanziell gibt es Unterstützung durch die Pflegekassen in Form von Pflege- und Betreuungsgeld. Das Bundesministerium für Gesundheit veröffentlicht Ratgeber u. a. zum Thema Pflege, die kostenlos heruntergeladen oder angefordert werden können. Sie sind sehr leicht auf der Website des Ministeriums zu finden (BMG - Publikationen zur

Pflege in Deutschland (bundesgesundheitsministerium.de).
Dort werden alle finanziellen Hilfen zusammengefasst und
verständlich erklärt.
Sehr hilfreich ist ebenfalls die Website www.pflege-durch-
angehoerige.de. Sie ist übersichtlich und breit aufgestellt in
Bezug auf Informationen rund um das Thema Pflege, was du
beanspruchen kannst und wie du etwas beantragst. Wenn du
dich hier für den Newsletter anmeldest, wirst du immer auf
den neuesten Stand gebracht.

Pflege ist harte Arbeit. Das darf ausgesprochen werden! Du
bist je nach Pflegegrad und Situation bis zu 24 Stunden am
Tag 7 Tage die Woche für deinen Angehörigen zuständig. Die
Tagespflege in einer Pflegeeinrichtung kann Freiraum
verschaffen, sofern es gelingt, den Angehörigen dafür zu
gewinnen bzw. eine Anwesenheitszeit bei ihm durchzusetzen.
Kinder gehen in eine Kita oder zur Schule, haben aber
Ferienzeiten, währenddessen sie ganztägig zuhause versorgt
werden müssen. Und natürlich haben sie Zeiten, in denen sie
wegen einer Erkrankung diese Einrichtungen nicht besuchen
können. Es ist schwierig, dies mit einer eigenen beruflichen
Tätigkeit zu vereinbaren. Das erfordert Kreativität. Mein Mann
und ich haben uns vorübergehend eine Arbeitsstelle geteilt.
Das war möglich, weil wir in einem Unternehmen gearbeitet
haben, eine ähnliche Ausbildung hatten und das
Unternehmen sich darauf eingelassen hat. Später haben wir
uns eine private Hilfe organisiert, die zu einer wichtigen
Bezugsperson für unsere Kinder geworden ist. Immer wenn
die Kinder krank waren oder wir mit einem Kind zum Arzt
oder ins Krankenhaus mussten, ist sie für uns da gewesen.
Den Gedanken, ob es sich finanziell gelohnt hat, haben wir
dabei außen vor gelassen. Es war eine Win-Win-Situation, weil

für uns drei – die Hilfe, mein Mann und ich – jeweils unsere Arbeit eine Bereicherung war.

Je nach Grad der Behinderung übernehme ich als pflegender Angehöriger Tätigkeiten, die der Pflegebedürftige nicht ausüben kann. Es kann sein, dass ich ihn waschen und wickeln muss oder säubern nach einem Toilettengang, dass er angezogen und gefüttert werden muss. Putzen, Wäsche waschen, Essen vorbereiten und mundgerecht zerkleinern ist unter Umständen zu erledigen. Vielleicht muss ich ihm die Nase putzen und Gekleckertes aufwischen. Und das nicht nur einmal sondern mehrmals täglich über einen längeren Zeitraum.
Er muss beschäftigt werden, womit auch immer es möglich ist. Vielleicht hat er eine Magensonde oder muss beatmet werden. Kann ich das? Das Praktische kann ich lernen, aber halte ich das psychisch aus?

Sind die Verhältnisse in der Wohnung so, dass es gelingen kann oder muss baulich etwas verändert werden? Es kann zum Beispiel sein, dass ein Rollator nicht durch die Tür zum Badezimmer passt oder der Angehörige nicht in die Badewanne steigen kann. Kann die Tür verbreitert werden? Gibt es eine Dusche oder einen Lifter, der den Einstieg in die Wanne ermöglicht? Treppen können eine unüberwindbare Hürde werden. Ist es möglich eine Rampe oder einen Lift einzubauen? Pflegestützpunkte bieten ein breites Beratungsspektrum, unter anderem auch zur Wohnsituation. Diese Beratung lohnt sich. Es gibt Hilfsmittel, die man nicht kennt, solange man sie nicht braucht, z.B. absenkbare Waschtische, verschiedenste Griffe, gebogenes Besteck und Teller mit hochgezogenem Rand...

Kleidung sollte möglichst leicht anzuziehen sein. Es gibt Firmen, die sich auf „Reha-Mode" spezialisiert haben. Diese Mode macht das Anziehen leicht und erlöst den Pflegenden genauso wie den Pflegebedürftigen von dem täglichen Herumgezerre, bis die Kleidung richtig sitzt. Die Reha-Mode entspricht nicht dem neuesten Chic. Leider ist diese Kleidung nicht gerade billig. Ansonsten ist es hilfreich, Kleidung nicht zu eng zu kaufen und dehnbare Stoffe zu bevorzugen.

Natürlich kann ein Pflegedienst einen Teil der Aufgaben übernehmen, z.B. das Waschen und Anziehen oder das Duschen. Das kann individuell vereinbart werden und diese Vereinbarungen können jederzeit angepasst werden. Trotzdem passiert es, dass der Pflegedienst gerade die Wohnung verlassen hat und der Angehörige sich so beschmutzt, dass er erneut gewaschen und umgezogen werden muss.

Durch die Pflege entsteht eine besondere und extrem intime Nähe. Das tut nicht jedem gut. Hältst du das aus? In einer Beziehung unter Erwachsenen - sei es in einer Partnerschaft oder zwischen Eltern und erwachsenen Kindern – gibt es häufig unbearbeitete Verletzungen. Du kannst sicher sein, diese Verletzungen brechen in einer Pflegesituation wieder auf, meist in Form von Vorwürfen und Aggressionen.

Eifersucht ist ein großes Thema in einer Beziehung, ebenso wie Kontrollverlust und Schuldgefühle auf beiden Seiten. Ein Mann, der seine krebskranke Frau zuhause pflegte, erzählte mir einmal, dass er nach der Arbeit nicht nach Hause fahren mochte, weil seine Frau ihm jedes Mal unterstellte, mit anderen Frauen anzubändeln. Ihm lag das völlig fern und er wollte nur für sie da sein. Sie fühlte sich durch die Krankheit unattraktiv und hilflos. Für sie war klar, dass da draußen eine ganze Kompanie von Frauen bereit stand, die ihren attraktiven Mann mit Kusshand nehmen würde. Und sie selbst konnte nichts dagegen tun.

In einer Eltern – Kind – Beziehung bekommt das pflegende Kind die Unzufriedenheit und die daraus resultierende Aggression des pflegebedürftigen Elternteils ab. Die anderen Kinder sind die Guten, die immer alles richtig machen und über deren Besuch sich gefreut wird.

Eltern, die ihre Kinder pflegen, müssen ertragen, dass ihre Kinder dem Vergleich mit gesunden Kindern nie standhalten, häufig krank sind und unter Umständen viele Operationen über sich ergehen lassen müssen. Das tut in der Seele weh. Eltern leiden immer mit ihren Kindern, oft sogar mehr als die Kinder selbst.
Anders als bei gesunden Kindern, die zunehmend selbständig werden, bleibt Eltern von Kindern mit Behinderungen die Pflege erhalten. Und das bei zunehmender Größe und Gewicht.

Wenn dir jetzt all das klar ist und du trotzdem sagst, du möchtest die Pflege übernehmen, du traust dir diese Aufgabe zu, weil du genug Liebe für deinen Angehörigen empfindest und ausreichend Kraft und Geduld besitzt, dann gehe diesen Schritt!
Pflege kann eine große, glücklich machende Bereicherung sein, weil sie eine besondere Zuneigung, Vertrauen und Dankbarkeit von dem Pflegebedürftigen bedeutet. Selbst

schon Kinder bringen sie uns entgegen. Pflege gibt uns Pflegenden das Gefühl, eine besondere Aufgabe zu haben, bei der wir unsere ganze Liebe für den anderen einbringen und ausdrücken können. Diese Aufgabe gibt dem Leben einen Sinn. Du wirst wissen, warum und wofür du jeden Morgen aufstehst.

Sehr oft habe ich von Pflegenden gehört: „Wie gut, dass ich das gemacht habe!" Sie haben es im Nachhinein als bereichernd empfunden. Rückblickend entstand eine positive Erinnerung. Das gute Gefühl, dass sie dabei hatten, hat Ihnen geholfen, die Trauer nach dem Tod des Angehörigen zu bewältigen.

Diese Entscheidung ist nicht unumkehrbar. Sollte sich die Situation verändern und du merkst, dass du es nicht schaffst, dann ist das keine Einbahnstraße.

Überlegungen:

Warum möchtest du deinen Angehörigen pflegen? Welche Motivation hast du?
Welche Aufgaben übernimmst du gerne?
Welche Aufgaben fallen dir schwer?
Was möchtest du unbedingt lernen?

Akzeptanz. Und das Besondere finden

Ich war es nicht gewohnt Menschen mit Behinderungen um mich zu haben und wusste auch nicht, wie ich mit ihnen umgehen sollte. In meinem Umfeld gab es nur Menschen, die fit und gesund waren und ähnlich tickten wie ich selbst. Klar gab es den einen oder die andere, die mir unangenehm war. Sie roch vielleicht nicht gut oder war in meinen Augen unansehlich, ich verstand sie nicht oder fand ihn arrogant.... Inzwischen habe ich viele Menschen mit unterschiedlichsten Behinderungen und Einschränkungen kennengelernt. Sie haben mein Leben bereichert und den Blick auf mich selbst gnädiger werden lassen. Ich habe gelernt, dass es nicht selbstverständlich ist, ein selbstbestimmtes Leben haben zu können. Dadurch schätze ich meine Fähigkeiten wert und bin zutiefst dankbar dafür. Zugleich habe ich eine große Bewunderung für die vielen, die trotz ihrer Einschränkungen glücklich und zufrieden sind. Ich denke zum Beispiel an eine ehemalige Lehrerin, die einen schweren Unfall mit einer Hirnverletzung überlebt hat. Wenn sie es schafft, ein Kinderlied zu singen, strahlt sie über das ganze Gesicht.

Ein aktiver Mensch kann sich nicht vorstellen, im Rollstuhl zu sitzen. Ein eitler Mensch leidet unter dem Verlust seiner Schönheit. Ein geistreicher Mensch fürchtet den Verlust seiner Aufmerksamkeit und Intelligenz, ein Künstler fürchtet um seine Kreativität und ein Handwerker um seine Geschicklichkeit.
Natürlich schmerzen Verluste und sie machen uns zunächst einmal Angst. Wir Menschen haben eine besondere Fähigkeit, die uns hilft, diesen Schmerz und die Angst zu überwinden: Wir sind in der Lage Veränderungen, Einschränkungen und Behinderungen zu akzeptieren! Wir können das Alte loslassen, uns anpassen und uns neu zurechtfinden. Wir müssen es loslassen und nach vorne schauen, wenn wir glücklich werden wollen. Loslassen und Akzeptanz – das sind Prozesse und nicht nur Entscheidungen. Gib dir Zeit dafür, aber behalte das Ziel vor Augen!

Ist die Einschränkung auch noch so groß, so gibt es dennoch besondere Momente. Ein Alzheimer-Patient hat helle Momente und teilt eine schöne Erinnerung mit uns. Ein gelähmter Mensch schafft die ersten Meter mit seinem Rollstuhl oder gewinnt ein Basketballspiel. Ein schwerst-mehrfach behindertes Kind lächelt uns an. Ein Autist überwindet seine Angst vor einem kurzfristigen Termin. Ein

Mensch mit geistiger Behinderung bringt ein Thema auf den Punkt.

Je dunkler der Hintergrund desto heller leuchtet eine Farbe. Und je eingeschränkter ein Mensch ist desto mehr Freude entsteht bei jedem noch so kleinen Fortschritt. Ich wurde aufmerksam für diese kleinen Wunder. Sie sind besonders, weil sie eine dünne Grundlage aus Fähigkeiten und Fertigkeiten haben. Wer wenig Möglichkeiten hat und trotzdem etwas schafft, hat die gleiche Anerkennung verdient wie jemand der viele Möglichkeiten hat und Olympiasieger wird. Wir Angehörigen erkennen diese kleinen Wunder, weil wir wissen, dass sie nicht selbstverständlich sind. Ich war jedes Mal stolz darauf.

Ist jemand nicht in der Lage, selbstbestimmt zu leben, so ist er abhängig von Helfenden. Ich stelle mich in seinen Dienst. Ich bin für ihn da. Das ist eine Herzensaufgabe, die eine Beziehung auf eine besondere Art vertieft. Nicht umsonst lieben Eltern häufig ihre behinderten Kinder ganz besonders. Es entwickelt sich eine Nähe, die über ein normales Maß hinausgeht. Wer kennt schon so genau die Schwächen eines Pflegebedürftigen, wie der, der ihn pflegt? Pflege ist gelebte Liebe. Eine Ordensschwester sagte einmal zu mir, als ich mich für meinen selten gewordenen Gottesdienstbesuch entschuldigte, ich würde doch jeden Tag Gottesdienst leisten.

Der Pflegebedürftige bringt mir ein großes Vertrauen entgegen.

Er ist mir in gewisser Weise ausgeliefert und doch lässt er es zu, dass ich ihm so nahe komme. Das ehrt mich.

Warum gibt es Leid? Diese Frage ist so alt wie die Menschheit. Wenn es eine Antwort darauf gibt, dann ist sie sehr individuell. Wir können es nicht verhindern.

Eine alte Legende erzählt von einem Menschen, der eines Tages zu Gott kam und ihm Vorwürfe machte: *„Du bist herzlos mit mir. Du hast mir ein Kreuz auferlegt, das ich nicht tragen kann. Auf alle anderen hast du mehr Rücksicht genommen. Ihre Kreuze sind leichter als das meine.“ Da führte Gott den Menschen in einen großen Saal, in dem die Kreuze der ganzen Menschheit aufgestellt waren. Und er sprach: „Mein Sohn, der du an meiner Liebe und Gerechtigkeit zweifelst, geh hinein und suche dir selbst ein Kreuz, das du tragen willst.“ Der Mensch machte sich auf die Suche. Da sah er ein ganz dünnes, aber dafür war es länger und größer. Er sah ein ganz kleines, aber als er es aufheben wollte, war es schwer wie Blei. Dann sah er eins, das gefiel ihm, und er legte es auf seine Schultern. Doch da merkte er, wie das Kreuz gerade an der Stelle, wo es auf der Schulter auflag, eine scharfe Spitze hatte, die ihm wie ein Dorn ins Fleisch drang. So hatte jedes Kreuz etwas Unangenehmes. Und als er alle Kreuze durchgesehen hatte und die Suche schon aufgeben wollte, sah er in einer Ecke ein Kreuz stehen, das von allen am ehesten für ihn zu passen schien. Das war nicht zu schwer, nicht zu leicht, das war so richtig handlich, wie geschaffen für ihn. Dieses Kreuz wollte er in Zukunft tragen. Aber als er näher hinschaute, da merkte er, dass es sein Kreuz war, das er bisher getragen hatte.* (<u>Kreuz auf sich nehmen</u> <u>(sankt-gertrud.com)</u>)

Wir können noch so viel mit unserem Schicksal hadern, es wird sich dadurch nicht verändern. Wir können dem Schicksal davon laufen, aber es holt uns wieder ein, meist in Form von Gewissensbissen, oft mit Verbitterung. Meines Erachtens bleibt nur diese Möglichkeit: das Schicksal als Herausforderung annehmen und das Beste daraus machen. Nach vorn schauen und überlegen, wie es weitergeht.

Überlegung:

Was ist der nächste Schritt, was wirst du als Erstes tun?

Überlastung vorbeugen - Hilfe zulassen

„Du bist zeitlebens für das verantwortlich,
was du dir vertraut gemacht hast.", sagte der Fuchs zu dem
kleinen Prinzen in der Geschichte von Antoine de Saint-
Exupéry.
„Bis, dass der Tod uns scheidet" oder „solange ich lebe",
schwören wir bei der kirchlichen Trauung. Beziehung,
Partnerschaft und Familie gründen wir auf dem Fundament
von Liebe und Solidarität. Was das bedeuten kann, wird erst
im Ernstfall wirklich klar.
Pflege von Angehörigen bedeutet immer ein Stück
Selbstaufgabe, das erwähnte ich bereits. Wie weit darf diese
Selbstaufgabe gehen? Oder anders gefragt: Was soll von dir
erhalten bleiben? Wenn du dich aufgelöst hast, kannst du

niemandem mehr helfen! Eine Zeit lang kannst du wie eine Maschine funktionieren und gefühllos deine Arbeit verrichten. Dann häufen sich Infekte, Rücken- und Schulterschmerzen werden chronisch, vielleicht auch Kopfschmerzen. Nervosität, Konzentrationsschwierigkeiten und Erschöpfung werden folgen. Überforderung hat Aggression zur Folge. Und Aggression braucht gelegentlich ein Ventil. Entweder bekommt es die zu pflegende Person ab oder eine gerade anwesende... Hilfe tut Not. Aber wie stelle ich es an?

Darüber reden hilft! Das klingt so simpel, ist aber für viele ein großes Problem. Wie oft denken wir, der andere muss doch sehen, was ich leiste und wie es mich belastet! Tut er aber nicht. Niemand kann in uns hinein sehen. Und wenn wir alleine arbeiten, sieht auch niemand, was wir tun. Es ist wie mit einem fertigen Produkt, z. B. ein köstliches Stück Kuchen, wunderbar dekoriert. Man freut sich daran, aber denken wir auch nur eine Minute darüber nach, wieviel Arbeitsgänge bis zur Fertigstellung nötig waren? Wollen wir das wissen? Nur jemand, der selbst köstliche Kuchen herstellt, kann es sich vorstellen und fragt sich, wie es gelingen konnte.

Ich empfehle dir eine Liste zu erstellen mit allen anfallenden Arbeiten. Das verschafft dir einen Überblick und vielleicht siehst du dann das ein oder andere, was du deligieren kannst. Vielleicht gibt es in deinem Umfeld jemanden, der gerne putzt oder kocht oder die Wäsche macht...
Gib ihm oder ihr die Chance dir zu helfen! Helfen macht glücklich!

Sprich über deine Bedürfnisse. Das hilft dir darüber bewusst zu werden, was du für dich brauchst. Auch du darfst Vergnügungen nachgehen und Spaß haben! Ich höre oft, dass

Pflegende sich als Egoisten fühlen, wenn sie etwas für sich tun. Sie haben ein schlechtes Gewissen, weil der pflegebedürftige Angehörige an diesem Vergnügen nicht teilnehmen kann. Geht es dir auch so? Ich sehe das ganz anders: Indem du etwas für dich tust, erhältst du dir deine Gesundheit, Energie und Lebensfreude! Den Spaß, den du erlebst, kannst du weitergeben. Auch dein zu pflegender Angehöriger hat etwas davon. Deshalb schaffe dir Freiräume, um dich zu vergnügen oder zu entspannen. Gehe nach draußen an die frische Luft oder treffe dich mit Freunden. Mach Sport oder schaue dir etwas Schönes an. Eine gute Bekannte von mir geht in einen Blumenladen, wenn sie das Bedürfnis hat, etwas Schönes zu sehen. Ein Museum tut's auch. Oder buche einen Kurs für Autogenes Training oder Progressive Muskelrelaxation. Yoga ist ebenfalls sehr hilfreich, genauso wie Waldspaziergänge. Hauptsache es tut dir gut! Jeder baucht mal etwas anderes und einen Ausgleich. Wenn du niemanden aus deinem Umfeld findest, der dich für ein paar Stunden vertritt, dann suche nach einer Hilfe von außen. Es gibt Organisationen wie die Paritätischen Dienste oder die Lebenshilfe, die Vertretungen vermitteln. Gerne übernehmen diesen Dienst Auszubildende, z. B. angehende Heilerziehungs- oder Altenpfleger oder zukünftige Physiotherapeuten gegen ein kleines Honorar. Nutze jede Gelegenheit, um Pausen zu machen. Ruhe dich aus, wenn du gerade nicht in der Pflege gebraucht wirst und vermeide, gleich wieder nach neuen Aufgaben zu suchen. Vereinbare einen Termin mit dir selbst, an dem du genau das tust, wonach dir gerade ist. Und wenn du nur Löcher in die Luft starrst...

„Erst die Arbeit, dann das Vergnügen", ist ein alter Spruch, den ich lange verinnerlicht hatte. Irgendwann habe ich gemerkt, wenn ich zwischendurch eine Pause mache, habe ich viel mehr Energie und bin viel motivierter, um den Rest zu erledigen.

Der Austausch mit anderen Betroffenen kann eine große Unterstützung sein. Jeder hat besondere Erfahrungen gemacht, hat schon mal ein Problem gelöst, hat irgendetwas gelesen oder gehört, was für mich gerade hilfreich sein kann. Es gibt Selbsthilfegruppen und Elterninitiativen oder Veranstaltungen und Kurse zu speziellen Themen, wie z. B. zu Demenz, Parkinson, Schlaganfall, Kinder mit Pflegebedürftigkeit oder Pflege in häuslicher Umgebung. Die Krankenkassen bieten sie häufig kostenlos an. Mir hat ein Kurs über Kinästhetik sehr geholfen, die körperlichen Anstrengungen zu reduzieren. Dabei handelt es sich um ein Konzept, die Bewegung von Menschen mit Behinderungen schonend zu unterstützen, ohne Heben und Tragen. Und natürlich gibt es ambulante Pflegedienste, die Pflegeaufgaben übernehmen.

Es gibt eine alte Geschichte in der Bibel, die mir hierzu einfällt. Es ist ein Gleichnis, das Jesus erzählt:
Ein Mann ging von Jerusalem nach Jericho hinab und wurde von Räubern überfallen. Sie plünderten ihn aus und schlugen ihn nieder; dann gingen sie weg und ließen ihn halbtot liegen. Zufällig kam ein Priester denselben Weg herab; er sah ihn und ging vorüber. Ebenso kam auch ein Levit zu der Stelle; er sah ihn und ging vorüber. Ein Samariter aber, der auf der Reise war, kam zu ihm; er sah ihn und hatte Mitleid, ging zu ihm hin, goss Öl und Wein auf seine Wunden und verband sie. Dann hob er ihn auf sein eigenes Reittier, brachte ihn zu einer Herberge und sorgte für ihn. Und am nächsten Tag holte er zwei Denare hervor, gab sie dem Wirt und sagte: Sorge für ihn, und wenn

*du mehr für ihn brauchst, werde ich es dir bezahlen, wenn ich
wiederkomme. (Lukas 10, 30-35)*

Es geht hier um Barmherzigkeit und Verantwortung für
andere. Interessant finde ich an diesem Gleichnis, dass der
Samariter nicht alles selbst bewältigt, sondern sich Hilfe
einkauft. Sich kümmern heißt nicht alles selbst machen zu
müssen. Wir vernachlässigen unsere Pflichten nicht, in dem
wir Arbeit abgeben. Aber wir vernachlässigen unsere
Verantwortung für uns selbst, wenn wir unsere Bedürfnisse
ignorieren.

Überlegungen:

Welche Aufgaben sind zu erledigen? Wann und wie oft?
Welche finanziellen Mittel stehen dir zur Verfügung?
Wen könntest du bitten zu helfen und wobei?
Welche Bedürfnisse hast du? Worauf möchtest du auf keinen
Fall verzichten?

Pflege Wert schätzen

Denke ich an Pflege, dann kommt mir zuerst das Bild vom „Hintern abwischen" in den Sinn. Den Schmutz und Abfall anderer zu beseitigen, ist in allen Kulturen die niedrigste Stufe in der gesellschaftlichen Hierarchie. Für viele – für mich auch – ist das alles andere als eine Aufgabe, die man sich freiwillig aussucht. Ich habe aber erlebt, dass es Menschen gibt, die gerne Schmutz beseitigen, die sich freuen, wenn alles durch ihre Arbeit sauber geworden ist. Was machen sie anders?
Sie haben einen anderen Blick auf ihre Arbeit. Der Schmutz ist nun mal da, das ist einfach so und wird als unabänderlich akzeptiert. Durch ihre Arbeit beseitigen sie ihn und das Ergebnis ist etwas Wichtiges und Schönes: Sauberkeit, Glanz und Ordnung.

Sauberkeit ist ein Zustand, der für die Gesundheit und das Wohlfühlen enorme Bedeutung hat. Alles, was wir tun, um einem Pflegebedürftigen seine Sauberkeit zu erhalten, hat mit Würde und Wertschätzung zu tun. Ein ungepflegter Mensch hat es schwer, die Sympathie anderer zu gewinnen. Distanz halten ist in dem Fall eine natürliche Reaktion zum Schutz der eigenen Gesundheit. Wir haben es bereits als Kinder gelernt, unangenehme Gerüche als Warnsignal zu erkennen. Einen ungepflegt erscheinenden Menschen verbinden wir mit Körpergeruch und halten uns von ihm fern. Ein ungepflegter hilfebedürftiger Mensch überfordert uns geradezu. Das Warnsignal(ungepflegte Erscheinung)kämpft mit dem Helfersyndrom. Wer möchte das schon aushalten? So sorgen wir mit unserem Beitrag zur Pflege dafür, dass der Angehörige Teil der Gesellschaft bleiben und trotz allem akzeptiert werden kann.

Sauberkeit ist die Grundlage für die Gesundheit eines Menschen. Die Corona-Krise hat die Wichtigkeit der Hygiene in aller Deutlichkeit wieder in das Rampenlicht gezogen.

Aber seien wir nicht zu streng mit uns: Ein kleiner Fleck ist kein Beinbruch. Und wenn man jemanden bereits dreimal umgezogen hat, dann muss man beim vierten Mal nicht unverzüglich aufspringen. Auch das Wohlgefühl der Pflegenden ist wichtig. Sich Aufreiben ist alles andere als ein Wohlgefühl. Perfektionismus ist meines Erachtens in der Pflege unangebracht. Er lässt sich nicht aufrecht halten, weil wir mit Menschen zu tun haben, die nicht perfekt sein können. Versuchen wir also, locker zu bleiben und die kleinen Störungen im Hinblick auf unsere Arbeit gelassen zu nehmen.

Überlegungen:

Wann hast du dich das letzte Mal so richtig geärgert?
Würdest du heute noch sagen, das war angebracht? Oder
hättest du es auch anders sehen können?
Wie hättest du reagiert, wenn du gelassener gewesen wärest?

Selbstverantwortung und Selbstregulation

Es ist wichtig, ehrlich zu sich selbst zu sein. Stelle dir doch einmal die Frage, wer dir die Verantwortung für die Pflege übertragen hat. Hast du die Verantwortung aus eigenem Antrieb übernommen, dann sind sehr wahrscheinlich Liebe und/oder Pflichtgefühl deine Antreiber. Diese beiden können dich ganz schön vereinnahmen. Pass auf dich auf, dass du genug Luft zum Atmen hast!

Ganz beliebt ist in allen Lebenslagen, aber besonders in innerfamiliären Beziehungen die „emotionale Erpressung". Kennst du diese Sätze, die beginnen mit: „Bist du wirklich sicher, dass...", oder: „Meinst du wirklich, dass ..."?

„Meinst du wirklich, dass du mich jetzt allein lassen kannst?"

Der Psychologe und Philosoph Prof. Dr. Friedemann Schulz von Thun hat vier Ebenen benannt, auf denen Kommunikation geschieht. Es ist bekannt geworden als Kommunikationsquadrat oder 4-Ohren-Modell. Jede Botschaft, die ausgesandt wird, enthält vier Ebenen. Sie sind auch in dem Satz: „Meinst du wirklich, dass du mich jetzt allein lassen kannst?" enthalten :
- eine Sachebene Du gehst weg.
- eine Beziehungsebene Du hast für mich da zu sein!
- eine Selbstauskunft Ich bin unsicher, wenn du nicht da bist!
- einen Appell Bleib hier!
Der Trick ist, als Empfänger einer solchen Botschaft nur das Sachebene-Ohr zu öffnen und die anderen zu verschließen. Dann könnte eine Antwort so ausfallen: „Alles, was gemacht werden muss, ist erledigt. Alles, was du brauchst, ist für dich erreichbar. Ja, ich kann dich allein lassen!"

Antreiber für die Übernahme der Pflege können das Pflegegeld sein oder die Aussicht auf eine Erbschaft. Das ist legitim. Es versetzt die Beziehung zwischen dir und dem zu Pflegenden auf eine sachliche, distanziertere Ebene, die der Pflege nicht zwangsläufig schaden muss. Distanz kann hilfreich sein, solange man die Aufgabe an sich und die Fürsorge nicht vernachlässigt. Es ist gut, wenn man sich dessen bewusst ist. Das schützt vor Enttäuschung und Frustration. Eine Aufgabe zu übernehmen, die man nicht gerne tut, hält jeder nur eine begrenzte Zeit aus ohne selbst krank zu werden.

Ich habe immer wieder mit Menschen zu tun, die emotional von außen unter Druck gesetzt werden. Es wird erwartet, dass sie die Pflege übernehmen, z. B weil sie eine Frau sind und man landläufig immer noch der Meinung ist, dass alle Frauen in sozialer bzw. fürsorglicher Arbeit ihre Erfüllung finden. Eine Erwartungshaltung wird aber auch aus anderen Gründen aufgebaut, z. B. weil man derjenige ist, der die kürzeste Entfernung überwinden muss, oder derjenige, der die kürzeste Arbeitszeit hat, oder diejenige, die keine Kinder hat, oder … Gründe lassen sich viele finden.

Es gibt Eltern, die ihre Kinder als persönliche Butler betrachten. Für sie gibt es keine andere Lösung, als dass die Kinder sich um sie kümmern. Ein Pflegedienst im Haus oder ein Umzug gar ins Pflegeheim sind unvorstellbar und werden mit aller Energie und Entrüstung abgelehnt.

Ich erinnere mich an ein Gespräch mit einem Bruder eines schwerbehinderten Mädchens. Er war sehr verzweifelt darüber, dass seine Eltern von ihm erwarteten, sich um die Schwester zu kümmern, wenn sie es nicht mehr können. Dieses Kümmern beinhaltete in ihrem Verständnis die vollumfängliche Versorgung und Pflege, genauso wie sie es selbst immer gemacht haben. Für den Bruder war der Zeitpunkt absehbar, wann die Pflegeübernahme stattfinden sollte, weil seine Eltern bereits betagt waren und ihre Kräfte nachließen. Seine Eltern haben ihr Pflichtgefühl ihrem Sohn übertragen wie eine Erbschaft. Er hatte bereits sein ganzes Leben lang zurückstecken müssen, weil immer die Schwester mit ihrer Behinderung im Vordergrund stand und die Eltern in Beschlag genommen hat. Jetzt sollte er seine Freiheit einschränken, um die „bevorzugte" Schwester zu pflegen? Er sollte eine Aufgabe übernehmen, die er – bei aller Liebe für die Eltern und die Schwester – nicht haben wollte? Von der er außerdem sicher war, dass er wahrscheinlich nie den Ansprüchen seiner Eltern genügen würde?

Bei dem verzweifelten Bruder kamen alte Verletzungen aus Zurückweisungen und erzwungener Rücksichtnahme vergangener Jahre wieder zum Vorschein. Er war wütend, fühlte sich überfordert und gestresst von den Erwartungen seiner Eltern.

In seinem Fall ist etwas gründlich schief gelaufen und das hat nichts mit ihm zu tun. Seine Eltern haben es nicht geschafft ihre pflegebedürftige Tochter loszulassen. Auch sie hat ein Recht auf ein Leben fern von den Eltern, genau wie jedes gesunde Kind. Es ist kein seltener Fall, dass Eltern meinen, sich für das beeinträchtigte Kind aufopfern zu müssen. Keiner kann sich so gut darum kümmern wie sie, glauben sie. Es gehört viel Vertrauen dazu, ein hilfloses Kind in ein Heim oder eine Wohngruppe zu geben: Vertrauen in das Kind und in die Pflegekräfte der Einrichtung.

Egal, wer den Druck ausübt, hier kommt man meiner Ansicht nach nicht darum herum, klar auszudrücken, was man selber gerne möchte. Denn eine ungeliebte Arbeit kostet sehr viel Energie. Du könntest jetzt einwenden, eigene Vorstellung auszusprechen koste ebenfalls Energie. Da stimme ich dir zu, aber wenn du Glück hast nur einmal und nicht ständig. Außerdem - und das ist mir wichtig - macht es den Weg frei für Veränderungen.

Dazu ist es notwendig sich zunächst Gedanken darüber zu machen, was man selbst tun kann und möchte. Wozu bin ich körperlich und emotional in der Lage? Und wieviel Zeit kann ich erübrigen? Schreibe es auf und überprüfen deine Überlegungen: Hälst du es längerfristig durch, bist du in einem (in zwei) Jahr(en) auch noch dazu in der Lage? Sei ehrlich zu dir selbst und allen anderen Beteiligten und vor allem: bleibe es. Schütze dich innerlich vor emotionaler Erpressung nach dem

Motto: Wenn du es nicht machst, dann muss Mutter ins Heim. So etwas ist hinterhältig, darauf reagierst du am besten, in dem du es ignorierst!

Erwarte nicht, dass die anderen wissen, wie es dir mit der Situation geht. Das können sie nur, wenn du es ihnen sagst! Niemand kann in Deinen Kopf schauen oder in dein Herz. Solange du nichts sagst, gehen alle nur zu gerne davon aus, dass alles in Ordnung ist. Fordere die anderen Beteiligten auf, ebenfalls zu sagen, was sie sich vorstellen können.
Wenn allen Beteiligten klar ist, was sie übernehmen können und werden, kann darüber nachgedacht werden, wie die Lücken gefüllt werden.
Dabei ist nichts in Stein gemeißelt. Alles kann sich verändern: Du selbst merkst vielleicht, dass du trotz allem irgendwann überfordert bist. Oder der Pflegeaufwand verändert sich. Oder die äußeren Umstände werden schwieriger.... Es bleibt wichtig, das zu reflektieren und darüber zu reden. Vereinbare einen regelmäßigen Termin mit allen Beteiligten, um über Probleme zu sprechen. Gemeinsam finden sich mehr Ideen. Betrachte die Ideen der anderen als das was sie sind: Ideen - und keine Kritik (verschließe das Beziehungsohr!).

Für die Arbeit mit und für den zu Pflegenden ist es wichtig, dass du eine klare Haltung hast und dich damit wohlfühlst. Wie in jeder Beziehung kommt auch hier das Gesetz der Resonanz -oder auch Spiegelgesetz genannt - zum Tragen: Unser Fühlen und Denken löst etwas aus, das sich im anderen spiegelt. Wenn ich dich zum Beispiel anlächele, ist die Chance groß, dass du zurücklächelst. Probiere es doch mal aus. Du wirst sehen, es funktioniert. Wenn du unzufrieden zur Arbeit

gehst, ziehst du andere Unzufriedene geradezu magisch an. Der Arbeitstag kann dann heiter werden...!
Nun kommt es nicht selten vor, dass zu Pflegende mit ihrer Situation und mit sich selbst unzufrieden sind. Sie sind traurig oder wütend, weil ihre Fähigkeiten nachlassen oder ein Malheur passiert ist oder sie etwas nicht erreichen können, was sie gerade haben möchten. Vielleicht haben sie sogar Schmerzen und fühlen sich unwohl und unsicher. Mache es dir bewusst, wie dieser Zustand Ihre Zufriedenheit beeinflusst. Dann kannst du dagegen steuern, indem du dir z.B. sagst: "Das hat nichts mit mir zu tun!" So schützt du dich vor der Resonanz, die der zu Pflegende verursacht. Dann kannst du eine Resonanz beim Angehörigen auslösen und ihn mit deiner positiven Stimmung beeinflussen.
Es kann dir helfen, wenn du dir vorstellst, dass du einen Schutzanzug anziehst, an dem die von außen ankommenden negativen Gefühle abprallen.

Und noch eines: Hüte dich vor dem Drama-Dreieck!
Das Drama-Dreieck funktioniert folgendermaßen: Karl besucht seinen pflegebedürftigen Vater Anton. Dieser beschwert sich über Karls Schwester Lisa. Das Essen, das sie ihm vorbeigebracht habe, sei kalt gewesen und habe überhaupt nicht geschmeckt. Karl sorgt sich um die Gesundheit seines Vaters: Was soll werden, wenn er nichts Vernünftiges zu essen bekommt?
Er macht sich gleich auf den Weg zu Lisa und stellt sie zur Rede. Lisa ist zunächst sprachlos und geht zu ihrem Vater. Ihm erzählt sie, dass Karl sie ausgeschimpft habe. Der Vater ist über Karls Benehmen entrüstet und tröstet Lisa.
Zu Beginn ist der Vater das Opfer und Lisa die Täterin wegen der kalten ungenießbaren Mahlzeit. Karl übernimmt die Rolle

des Retters, indem er Lisa zur Rede stellt. Jetzt ist Lisa das Opfer und Karl der Täter. Der Vater stellt für Lisa den Retter dar, weil er sie tröstet. Dieses Spiel kann man endlos weitertreiben. Lass dich nicht hineinziehen. Versuche lieber neutral zu bleiben, alle Seiten zu hören und wenn nötig zu vermitteln.

Die Sachebene ist die hilfreiche Ebene. Das Essen war kalt und hat dem Vater nicht geschmeckt. Da kann Abhilfe geschaffen werden: Was genau hat ihm nicht geschmeckt? War es ein Gewürz oder sonst eine Zutat? Hat ihm etwas gefehlt? Geschmäcker sind verschieden. Wenn es dem Vater nicht geschmeckt hat, sagt das allein noch nichts über die Qualität des Essens aus. Und wenn es ihm zu kalt war, dann wird es beim nächsten Mal etwas länger erwärmt. Auf diese Weise fühlt sich der Vater ernst genommen.

Nicht nur die psychische Ausgeglichenheit ist wichtig. Auch der Körper will beachtet werden. Er braucht ausreichend Schlaf, eine gesunde Ernährung in Ruhe gegessen, frische Luft und Pausen. Vielleicht kann man den Körper mit einem Werkzeug vergleichen. Ein Werkzeug, das nicht regelmäßig gesäubert und geölt wird, wird unbrauchbar. So ist es auch mit unserem Körper. Wird er nicht gepflegt und bekommt er nicht die Möglichkeit sich zu regenerieren, wird er kraftlos und krank. Wem soll er dann noch helfen?

Überlegungen:

Bist du schon einmal in ein Drama-Dreieck geraten? Welche Rollen hast du übernommen?
Was hilft dir deine verbrauchte Energie wieder aufzufüllen?

Wegbegleiter

Mir fällt noch eine alte Geschichte ein:
Eine riesige Überschwemmung umspült das Haus eines
frommen Mannes. Während die Fluten immer höher steigen,
rettet er sich auf das Dach seines Hauses. Bald schon kommt
eine Rettungsmannschaft vorbei und lädt ihn ein in das
Rettungsboot zu steigen. Er aber lehnt das ab: "Nein, danke,
Gott wird mich retten.", sagt er. Es wird immer dunkler und die
Fluten steigen immer noch. Der Mann klettert auf den
Schornstein. Wieder kommt ein Boot vorbei und die Menschen
auf dem Bott rufen: "Komm, steige ein!" „Nein danke", sagt er
nur, "Gott wird mich retten." Etwas später kommt ein
Hubschrauber herangeflogen. Die Besatzung sieht den Mann
im Scheinwerferlicht. Das Wasser steht ihm bereits bis zum
Hals. Sie werfen ihm eine Strickleiter hinunter, aber wieder
lehnt er jede Hilfe ab: "Gott wird mich retten", sagt er. Das
Wasser steigt weiter und der Mann ertrinkt. Als er in den
Himmel kommt, beschwert er sich sehr verärgert bei Gott:

"Immer war ich fromm, habe mich an deine Regeln gehalten und an dich geglaubt, mein ganzes Leben lang. Warum hast du mich nicht gerettet?" Gott ist erstaunt und antwortet: "Ich habe dir zwei Boote und einen Hubschrauber geschickt. Was hast du noch erwartet?"

Es gibt sie immer noch, diese Menschen, die zur richtigen Zeit da sind und uns zur Seite stehen. Manchmal sind es Menschen, die wir gut kennen und mit denen uns Verwandtschaft oder eine lange Freundschaft verbindet. Aber oft sind es Menschen, von denen wir nichts erwartet haben oder die wir vorher gar nicht kannten. Manche begleiten uns nur eine kleine Zeit lang, andere über Jahre oder gar Jahrzehnte.

In meinem Leben hat es bislang viele solche Wegbegleiter gegeben. Meine Kinder waren gerade erst ein paar Wochen alt, als bei ihnen bereits diagnostiziert wurde, dass eine Behinderung vorhanden ist. So haben wir viele Ärzte, Therapeuten und Pfleger kennengelernt, die sie zum Teil auch heute noch behandeln, wo sie bereits erwachsen sind. Ich habe von Ihnen gute Ratschläge und moralische Unterstützung erhalten, aber auch die Anerkennung meiner Leistung als pflegende Mutter.

Ich habe Erzieher und Pädagogen kennengelernt, die sich über ein normales Maß hinaus für meine Kinder eingesetzt haben. Das zu erleben war großartig für die Kinder und für mich.

Die Heilerziehungspfleger und Betreuer in der Werkstatt für Menschen mit Behinderungen beeindrucken mich immer wieder mit ihrer Geduld und Zuwendung sowie ihrem Einfallsreichtum, wenn es darum geht ihre „Schützlinge" in die Arbeit mit einzubeziehen. Wir haben einen engen Kontakt, weil wir gemeinsam das Ziel verfolgen, dass es ihnen gut geht.

Ich habe Freunde verloren, wie man sich aus den Augen verliert. Vielleicht hat auch der eine oder die andere die Freundschaft bewusst einschlafen lassen – vielleicht auch ich, weil es mir zu anstrengend wurde.

In der Zeitung „Die Zeit", Nr.52 vom 10.12.2020 auf Seite 22 ist ein Interview mit Richard Oetker abgedruckt, der 1976 entführt und schwer misshandelt wurde. Er sagt in diesem Interview: *„Wenn man Opfer wird, ganz egal, aus welchem Grund – ob aufgrund eines Leides in der Familie, wegen eines Unfalls oder der Tat eines Kriminellen -, die Menschen um einen herum verändern ihr Verhalten. Nach meinen Erfahrungen können sie mit Opfern von Schicksalsschlägen generell schlecht umgehen. Das führt so weit, dass manche dem Kontakt, dem Gespräch ganz aus dem Weg gehen. Als Opfer müssen Sie also selbst aktiv werden und Menschen, die Ihnen lieb sind, direkt ansprechen."*

Diese Sätze entsprechen genau dem, was ich selbst erlebt und später bei anderen beobachtet habe. Viele sind damit überfordert, das Leid anderer auszuhalten. Einige sind hilflos, wissen nicht, wie sie sich verhalten sollen. Andere haben Angst, dass es sie ebenfalls treffen könnte und möchten sich nicht in eine solche Situation hineinversetzen. Wir Betroffenen sind es, die ihnen helfen können. Wir wissen was wir brauchen und wie wir Kontakte erleben möchten. Wir können hier eine Tür öffnen. Was haben wir zu verlieren? Wer nicht hindurchgehen möchte, den können wir getrost abhaken. Durch neue Kontakte und deshalb gerade wegen der Behinderung meiner Kinder habe ich wunderbare neue Freunde gefunden. Das sind zum Teil gleichfalls Betroffene und zum Teil Menschen, für die meine Kinder einfach meine Kinder sind. Ich habe neue Freunde dadurch gefunden, dass ich meine Freizeit anders gestaltet habe. Ich musste Hobbies aus zeitlichen und organisatorischen Gründen aufgeben und mir neue Hobbies suchen, die in meinen Zeitplan passen und mir trotzdem einen Ausgleich zu meiner neuen Lebensaufgabe verschaffen. Statt Musik zu machen habe ich mich mit Malerei beschäftigt. Statt Badminton zu spielen bin ich mit Joggen angefangen, später dann mit Walking. Statt mich im Betriebsrat zu engagieren habe ich mich in der Kirchengemeinde vor Ort eingebracht. Diese neuen Hobbies kann ich von zu Hause aus machen, zeitlich flexibel, spontan und ohne großen Aufwand. In meiner Nachbarschaft gibt es Menschen, die das inzwischen mit mir gemeinsam tun. So fühle ich mich zuhause noch mehr vernetzt und verwurzelt.

Alte Freundschaften habe ich intensiver gepflegt. Mir ist bewusst geworden, wie wertvoll sie sind. Ich vermute, dass die veränderte Situation zu dieser Erkenntnis beigetragen hat. Es gibt doch kaum etwas Besseres als mit Menschen zusammen zu sein, die mich seit Ewigkeiten kennen und mich so annehmen wie ich bin. Da kann ich mich fallen lassen und so richtig wohlfühlen. Ich kann mich auch mal „ausheulen". Sie kennen meine Situation und haben Verständnis. Wunderbar!

Und dann gibt es noch die vielen „Schutzengel", die im richtigen Moment da sind und einfach mit anpacken. Ich denke an den Jugendlichen, der mir schieben geholfen hat, als der E-Rollstuhl meines Sohnes seinen Geist aufgab. Oder der Hausmeister unseres Hotels auf Usedom: Nachdem mein Sohn auf der Fahrt in den Urlaub es durch seine Spastiken geschafft hatte, dass mehrere Schrauben seines Rollstuhles durchbrachen und er dadurch nahezu manövrierunfähig geworden war, nahm der überaus hilfsbereite Techniker sich der Sache an und reparierte den Rollstuhl. Was hätten wir ohne ihn gemacht?

Es gibt auch immer wieder Menschen, die einen kleinen Bonus einräumen, z. B einen besonderen Platz bei Veranstaltungen oder den Vorrang bei der Buchung von Gästezimmern, die rollstuhlgerecht genutzt werden können. Oder der Taxi- oder Busfahrer, der seine Fahrgäste von der Haustür abholt und beim Schieben hilft oder beim Laufen den Arm reicht. Oder die Menschen, die in Verwaltungen und bei Krankenkassen arbeiten oder wo auch immer, die sich für die Belange der Pflegenden und Pflegebedürftigen einsetzen. Ich denke auch an die Arzthelferin, die kurzfristig einen dringenden Termin ermöglicht. Alle, die Türen aufhalten und ein Lächeln erübrigen können machen den Tag des anderen reicher – wenn er es wahrnimmt. Mache Platz in deinem Herzen für diese kleinen und großen Gesten und freue dich daran. Sie gelten dir und sind alles andere als selbstverständlich.

Überlegungen:

Wer hat dir schon einmal zur Seite gestanden?
Auf wen kannst du dich verlassen?
Wen möchtest du ansprechen, weil er/sie dir wichtig ist?

Stress und Zeitmanagement

In der Pflege entsteht Stress in der Regel durch Überforderung. Der Tag ist bereits zu voll gepackt mit Aufgaben, die erledigt werden müssen. Und dann passiert auch noch irgendein Malheur und die komplette Planung wird über den Haufen geworfen. Oder ein Arzttermin steht an, der Angehörige ist sauber und gepflegt, er soll ins Auto einsteigen und verweigert sich. Oder man steht im Stau und der Angehörige, der im Rollstuhl sitzt, muss zur Toilette. Oder man verpasst den Bus, weil der Angehörige nicht so schnell laufen konnte wie gedacht. Oder, oder , oder…. Es gibt tausende von möglichen Komplikationen.

Wie man solche Situationen bewertet, ist individuell verschieden. Für den einen sind es Bagatellen, für den anderen große Ärgernisse. Entscheidend ist der eigene Anspruch. Habe ich den Anspruch an mich, perfekt zu sein? Ist der Arzttermin ein Fixpunkt in meinem Tagesablauf, der unbedingt einzuhalten ist, auf die Minute genau? In perfekter äußerer Erscheinung und vielleicht auch noch unbedingt gut gelaunt? Oder sage ich mir: „Ich habe alles gegeben, aber dafür kann ich nichts. Es ist nun mal passiert. Wir haben schon so viel Zeit in Wartezimmern verbracht, da kommen wir sicher noch dran." Schon lächle ich wieder und kann vielleicht sogar über das Missgeschick lachen. Beim Arzt erkläre ich freundlich die Situation und schon klappt es mit dem Drankommen.

Oftmals sind es unsere Glaubenssätze, die uns in dieser Hinsicht schwer beeinflussen. Glaubenssätze entstehen durch wiederholte Erfahrungen oder weil sie uns immer wieder gesagt werden. Ich habe in meiner Jugend häufig solche Sätze zu hören bekommen: „Wenn du merkst, dass du langsam bist, musst du schneller arbeiten." „ Ein Indianer kennt keinen Schmerz." „Nur die Harten kommen in den Garten." Solche Sätze prägen die Persönlichkeit. Sie sagen: Sei schnell, sei stark, geh über deine Grenzen! Wenn sie erst einmal verinnerlicht sind, bestimmen sie unser Denken, Fühlen und Handeln. Solche Glaubenssätze verursachen eine ungesunde Einstellung zu uns selbst. Wir hören auf auf uns zu achten und ignorieren oder vernachlässigen auftauchende Symptome.

Aber alles, was wir einmal gelernt haben, können wir auch wieder verändern!
Zunächst einmal ist es alles andere als verwerflich perfekt und schnell zu sein und sich anzustrengen. Es macht Freude, wenn

ein Erfolg damit verbunden ist sowie Anerkennung. Dann steigert es das Selbstwertgefühl und macht glücklich. Was wären wir ohne diese inneren Antreiber? Sie motivieren uns besser zu werden. Ohne sie würden wir auf der Stelle treten. Kritisch wird es jedoch, wenn es um das Überschreiten der individuellen Leistungsgrenze geht, wenn Glaubenssätze uns immer noch antreiben, obwohl wir schon mit den Kräften am Ende sind. Dann ist es gut sie zu kennen und umzudrehen - zum Selbstschutz!

Überlegungen:

Was sind deine Antreiber bzw. Glaubenssätze?
Wenn du sie erkannt hast, drehe sie um!
Hier ist eine Auswahl : mit möglichen Umkehrsätzen:
- Sei perfekt   :   Ich darf Fehler machen!
- Sei schnell   :   Ich darf mir Zeit nehmen und Pausen machen
- Sei schön   :   Ich bin schön, weil ich mit mir zufrieden bin
- streng dich an :   In der Ruhe liegt die Kraft.
- mach es allen recht :   Ich nehme meine Bedürfnisse ernst, sie sind genauso wichtig wie die Bedürfnisse der anderen!
- sei stark   :   Gefühle zeigen und Hilfe annehmen können sind Zeichen von Stärke.

Wenn du merkst, dass dein Glaubenssatz dich wieder übermäßig beansprucht, dann sage dir mehrmals laut deinen Umkehrsatz!

Es gibt natürlich weitere Ursachen für Stressempfinden. Nehmen wir einmal an, ich bin für meine Leistung gelobt worden. Das tut so gut, ich möchte mehr davon. Also muss ich das Leistungsniveau zumindest beibehalten. Wahrscheinlicher ist ein erneutes Lob, wenn ich mich noch übertreffe. Beim nächsten Mal möchte ich noch besser sein usw. Du merkst, wo das hingeht? Es ist nur eine Frage der Zeit bis ich meine Leistungsgrenze überschreite. Das ist selbstgemachter Stress und damit völlig unnütz. Ich könnte mich doch einfach mal selbst loben, wenn mir Lob so wichtig ist, z. B für meine Zuverlässigkeit und Freundlichkeit. Oder ich belohne mich mit etwas, das mir Freude macht, ein Stück Schokolade vielleicht oder ein kleiner Blumenstrauß.

Was mich persönlich in der Pflege am meisten gestresst hat, war die ständige Bereitschaft. Ich wusste nie, wann ich wieder gefragt sein würde und wofür: Ist etwas heruntergefallen, steht ein Toilettengang an, läuft die Nase, hat jemand Durst oder Hunger, besteht der Wunsch nach Beschäftigung....? Wirklich abschalten konnte ich nicht, bis ich irgendwann dazu übergegangen bin eine kleine Auszeit anzukündigen: "Ich bin jetzt für 20 Minuten nicht ansprechbar, weil ich eine Entspannungsübung mache." Ich war selbst erstaunt, wie gut das funktioniert hat! Diese angekündigte Zeit wurde tatsächlich respektiert (meistens zumindest, manchmal musste ich noch ein- bis dreimal die Ansage wiederholen). Und mir hat sie sehr gut getan! Deshalb gebe ich dir diese Empfehlung: Mache solche Auszeiten zu deinem Pflichtprogramm! Ganz egal, wie du sie füllst, ob mit einer Tasse Kaffee auf der Gartenbank in der Sonne sitzend, mit einer Entspannungsübung oder einem Buch vor der Nase. Jeder Arbeitnehmer ist zur Einhaltung von Pausenzeiten verpflichtet:

Die Arbeit ist durch im Voraus feststehende Ruhepausen von mindestens 30 Minuten bei einer Arbeitszeit von mehr als sechs bis zu neun Stunden und 45 Minuten bei einer Arbeitszeit von mehr als neun Stunden insgesamt zu unterbrechen (§4 Arbeitszeitgesetz). Dieses Gesetz dient dem Schutz der Gesundheit des Arbeitnehmers. Warum sollte es daher nicht auch für dich in der Pflege sinnvoll sein, Pausen einzuhalten?

Der Druck von außen ist nicht zu unterschätzen. Wie sehr wir als Familie mit Rollstuhlfahrern beobachtet werden, erfahre ich immer wieder. Jeder scheint uns zu kennen: „Sie sind doch die mit …!" Wirklich bewusst geworden ist mir dieses Phänomen bei einem Urlaub in einem Gästehaus mit und für Rollstuhlfahrer. Zum ersten Mal hat uns *niemand* angestarrt, wir waren dort ganz normal! Inzwischen fahren wir regelmäßig dorthin, weil es so angenehm ist normal zu sein.
In der Pflege wird Druck von außen ausgeübt durch
- Ärzte und Therapeuten: Termine, Medikamentengaben und Übungen für Zuhause werden verordnet und verlangen nach Einhaltung
- Verwandte und Freunde: Sie werfen ein kritisches Auge auf die Pflege und haben ihrerseits Erwartungen an deine Rolle als Mutter/Vater, Ehe-/PartnerIn, Tochter/Sohn, EnkelIn, FreundIn...
- der/die zu Pflegende und ihre/seine Bedürfnisse
- Behörden, Kranken- und Pflegekassen mit ihren Vorgaben, Anträgen und Ablehnungen.
Alle haben ihre Erwartungen an dich. Jetzt kommt es darauf an, wie sehr du dich an die Erfüllung dieser Erwartungen gebunden fühlst.
Das Eisenhower-Prinzip, benannt nach dem ehemaligen US-Präsidenten Dwight D. Eisenhower (14.10.1890 – 28.03.1969),

kann hier hilfreich sein. Dieses Prinzip ist sehr simpel und hat bis heute seine Gültigkeit. Eisenhower teilte seine Aufgaben nach folgenden Fragestellungen ein:

A: Was ist wichtig und dringend zu erledigen?
     Sofort selbst erledigen!
B: Was ist wichtig, aber nicht dringend?
     Termin setzen!
C: Was ist nicht wichtig, aber dringend?
     Jemand Kompetenten damit beauftragen!
D: Was ist weder wichtig noch dringend?
     Ab in den Papierkorb!

A-Aufgaben: Überprüfe die Dringlichkeit: Was passiert, wenn du die Aufgabe erst später erledigst? Sind die Konsequenzen tragbar? Wenn nicht, dann gehört diese Aufgabe in die A-Kategorie. Morgens ist die beste Zeit für A-Aufgaben, denn dann ist man noch am konzentriertesten.
B-Aufgaben: Diese Aufgaben sind auf den ersten Blick aufschiebbar, aber Achtung: sie geraten gerne aus dem Blick! Man denkt sich: „Das kannst du nächste Woche auch noch erledigen." Und schon ist es in Vergessenheit geraten oder es befindet sich in einem dauerhaften Aufschiebe-Modus, bis es irgendwann zu spät ist. Trage dir einen Termin in deinen Kalender ein, damit du an diese Aufgabe erinnert wirst. Dann kannst du diese Aufgabe zunächst einmal innerlich abhaken und aus deinen Gedanken entlassen.
C-Aufgaben: Das sind typische müsste-mal-gemacht-werden-Aufgaben. Wenn sie nicht erledigt werden, machen sie irgendwann Probleme... Solche Aufgaben schreien danach, delegiert zu werden, denn sie müssen nicht sofort erledigt werden. Du hast Zeit, jemanden dafür zu finden.

D-Aufgaben: Für Aufgaben, die weder wichtig noch dringend sind, hast du weder Zeit noch Energie übrig. Deshalb werden sie nicht beachtet! Es sei denn, du befindest dich gerade tatsächlich in einer Phase der Langeweile.

Das Eisenhower-Prinzip ist nur ein Gerüst. Manchmal scheint schnelles Handeln erforderlich zu sein, dann kann man nicht erst darüber nachdenken zu welcher Kategorie die aktuelle Aufgabe gehört. Aber mit der Zeit bekommt man ein Gefühl dafür, wann es berechtigt ist, schnell zu handeln und wann man Gelassenheit walten lassen kann.
Umstände können sich ändern. Was heute unwichtig ist kann später wichtig werden und umgekehrt. Ein Termin mit Freunden lässt sich sicher mal aufschieben, aber irgendwann ist der Punkt erreicht, an dem sich die Freunde verprellt fühlen. Dann wird es wichtig sich Zeit zu nehmen für sie.
Ein Antrag für ein Hilfsmittel sollte möglichst sofort gestellt werden. Die Bearbeitung dauert. Ist der Antrag gestellt, kann man ihn zur Erinnerung für später auf Termin legen.

Wird ein gestellter Antrag abgelehnt, lass dich bitte dadurch nicht entmutigen. Die Menschen, die darüber entscheiden, sind in der Regel Verwaltungsmitarbeiter. Sie haben wahrscheinlich noch nie mit Pflege zu tun gehabt und kennen deine Situation nicht. Erkläre es Ihnen so, dass sie es verstehen.
Ich habe einmal eine Schiebehilfe für den Rollstuhl meines Sohnes beantragt. Die Krankenkasse schrieb zurück, ich müsse ein ärztliches Attest vorlegen, dass ich nicht in der Lage sei einen Rollstuhl zu schieben. Darauf habe ich geantwortet: „Mein Sohn wiegt 65 kg, der Rollstuhl 15 kg. Das macht zusammen 80 kg. Wir wohnen auf einem Hügel. Diese 80kg

schiebe ich mehrmals täglich den Hügel hinunter und wieder herauf, zum Bus, zum Einkaufen, zum Frisör usw. Meinen Sie wirklich, dass ich für eine Schiebehilfe ein Attest benötige?" Ich brauchte kein Attest vorzulegen und bekam die Schiebehilfe genehmigt.

Du bist dir nun bewusst, was dich stresst und wer. Du hast Aufgaben benannt und gewichtet (Eisenhower-Prinzip). Wie sieht dein Plan jetzt für den nächsten Tag aus?
Sicher gibt es feste Einheiten: z. B. Waschen, Anziehen, Essen vorbereiten und reichen. Diese Aufgaben fallen täglich an und meist zur selben Zeit. Wieviel Zeit nehmen sie in Anspruch? Läuft immer alles nach Plan oder kommt es schon mal zu Verzögerungen? Wenn du einen Plan erstellst und Zeiten für die Erledigung von Aufgaben festlegst, plane in jedem Fall Pufferzeiten ein. Es passieren ständig Dinge, die nicht vorhersehbar sind. Vielleicht brauchst du oder dein Angehöriger auch einfach mal eine längere Pause als sonst. Als Faustregel empfehle ich: 2/3 Zeit für die Aufgaben, 1/3 Zeit als Puffer einplanen. Dann bringt dich so schnell nichts aus der Ruhe. Wenn du dies in deinem Tagesplan berücksichtigt hast, kannst du die Lücken auffüllen in der Reihenfolge wie du sie gewichtet hast. Achtung: Pausen nicht vergessen!
Wenn du so handelst, vermeidest du den Kardinalsfehler in Bezug auf dein Zeitmanagement: du packst deinen Tag nur so voll wie es zu schaffen tatsächlich möglich ist. Du vermeidest eine Überforderung aus zu hohem Anspruch an deiner Leistungsfähigkeit.

Gegen akute Stresssituationen gibt es kleine Übungen, die schnell entspannend wirken und sehr einfach in den Alltag eingebaut werden können. Hier sind ein paar Beispiele zum Ausprobieren:

Power-Posen (2 Minuten halten):
- Hinsetzen, Füße hochlegen, die Arme hinter dem Kopf verschränken und sich zurücklehnen.
- Beine hüftbreit hinstellen, Arme nach oben recken

Atemmeditation:
Setze dich bequem hin, schließe die Augen und beobachte nur deinen Atem. Lasse Gedanken und Gefühle einfach vorbeiziehen. Du wirst spüren, wie sich dein Atem schon nach kurzer Zeit verlangsamt.

Aus der Kinesiologie:
- Trinke ein Glas Wasser. Wasser ist der Träger für die elektrischen Impulse und damit das wichtigste Medium für die Informationsübermittlung im menschlichen Organismus. Ein Mangel an Wasser kann Stressreaktionen in Gang setzen.
- Stress-Release-Übung: Lege die Daumen auf die Nägel der kleinen Finger derselben Hand, also rechter Daumen auf rechten kleinen Finger und linker Daumen auf den linken kleinen Finger. Mit den übrigen drei Fingern berühre sanft deine Stirnbeinhöcker. Das sind die „Hügel" auf Ihrer Stirn, zwei Finger oberhalb der Augenbrauen. Du wirst einen leichten Puls spüren. Lasse die Finger so lange an den Stirnbeinhöckern liegen, bis er auf beiden Seiten synchron ist. Diese Übung funktioniert auch, falls du keinen Puls spürst oder wenn du dabei die Ellenbogen aufstützt.

Wenn du eine Denkblockade hast: Mache einfach mal etwas anders als üblich. Nimm einen anderen Weg zur Arbeit oder gehe woanders einkaufen. Koche dir eine heiße Milch statt dem üblichen Tee oder Kaffee …. Das löst Denkblockaden auf und beschert dir neue Einfälle.

Wenn nichts mehr geht, dann geh: Spazieren gehen und dabei die Gedanken kommen lassen oder mit jemandem reden, das bringt Ideen in Gang.

Ist etwas für dich dabei?

Welches Entspannungsverfahren passt zu mir?

Abgesehen von der positiven Wirkung auf die Gesundheit, ist bewusste Entspannung die beste Voraussetzung für konzentriertes, effektives Arbeiten. „In der Ruhe liegt die Kraft", „gut Ding will Weile haben", sind nur zwei Sprichwörter, die dies ausdrücken.

Es gibt unzählige Entspannungsverfahren und ständig entwickeln sich neue. Im Internet findet man zahlreiche Anleitungen, aber welche helfen wirklich? Lohnt sich der Aufwand überhaupt?

Entspannung will geübt werden. Anfangs ist es vielleicht mühsam, daran zu denken und sich ein Zeitfenster dafür frei zu halten. Aber dann wirst du es lieben! Du wirst Kraftreserven aufbauen, die es dir ermöglichen, in schwierigen Situationen ruhiger und gelassener zu reagieren. Du wirst die Dinge weniger persönlich nehmen. Je öfter du auf die gleiche Art entspannst, desto schneller stellt sich eine Entspannungsreaktion ein. Im Idealfall wird die Entspannungsübung zu einem festen Ritual im Tagesablauf. Bis es soweit ist, kann einige Zeit vergehen. Sich etwas anzugewöhnen ist vergleichbar anstrengend wie sich etwas abzugewöhnen.

Keine Entspannung ist so ineffektiv wie die, zu der man absolut keine Lust hat. Deshalb ist es wichtig, etwas zu

finden, was zu einem passt. Ich werde dir ein paar Verfahren kurz vorstellen, damit du eine Idee davon bekommst, wie sie funktionieren. Wenn du dich von einem Verfahren angesprochen fühlst, probiere es aus. Du kannst es dir selbst beibringen mit Hilfe von Büchern, CDs oder Videos. Oder du besuchst einen Kurs, der zum Beispiel von den Krankenkassen, Volkshochschulen, Sportzentren oder Bildungswerken angeboten wird. Ich persönlich halte viel davon, anfangs einen Kurs zu besuchen. Es ist gut jemanden zu haben, der auf das achtet, was für die Entspannungsübung wichtig ist. Du kannst Fragen stellen. Ein fester Termin in einer Gruppe motiviert und unterstützt dich beim Durchhalten. Und du lernst Gleichgesinnte kennen...

Sehr weit verbreitet ist **Meditation**. Es gibt sie in unterschiedlichsten Ausprägungen von Achtsamkeits- und Konzentrationsübungen. Das Ziel dieser Übungen ist ein tiefes Sich-Versenken in sich selbst. Einfach sein, ohne Absicht, ohne Gedanken, bei vollem Bewusstsein, das auf das Innere gerichtet ist.

Autogenes Training ist eine Form der Selbsthypnose. Keine Sorge, dein Bewusstsein wird dabei nicht ausgeschaltet. Du wirst zu jeder Zeit aufstehen und weggehen können. Das rationale Denken wird hierbei durch einfache gesprochene Formeln ausgeblendet. In den Formeln geht es um Ruhe, Schwere und Wärme. Sie rufen Vorstellungen hervor, die für Entspannung

sorgen. Später können sogenannte Vorsatzformeln hinzugefügt werden, mit denen man sich selbst einen Auftrag erteilt, z.B.: „Ich bin zuversichtlich" oder „Ich bin bei dem wichtigen Termin morgen sicher und gelassen."

Die **Progressive Muskelrelaxation nach Jacobsen** ist leicht zu erlernen und eignet sich besonders für Menschen, die ungern still sitzen oder liegen. Sie ist eine rein körperliche Technik. Nacheinander werden verschiedene Muskelgruppen zunächst angespannt und nach ein paar Sekunden des Haltens wieder entspannt. Dieser deutliche Gegensatz von Anspannung und Entspannung wirkt sich auf das Wohlbefinden von Körper, Geist und Seele aus. Man wird ruhig und entspannt.

Im **Yoga** geht es um die Lehre der Vervollkommnung des Menschen durch die Harmonisierung von Körper, Geist und Seele.

Eine Yogaeinheit besteht in der Regel aus drei Sequenzen: Yogahaltungen und Dehnungsübungen (Asanas), Atemtechniken (Pranayamas) und Meditationsübungen. Inzwischen gibt es eine Vielzahl von Yoga-Methoden, die sich unter anderem auch in der Intensität der Bewegungen unterscheiden. **Yoga Nidra** kommt ohne körperliche Aktivitäten aus. Es wird im Liegen ausgeführt mit geschlossenen Augen und hat einen vorgegebenen systematischen Ablauf. Das Bewusstsein ist wach, jedoch knapp an der Grenze zum Schlaf. Das Ziel ist es, tief entspannt im Hier und Jetzt zu sein.

Aber vielleicht ist dir das alles zu viel und allein der Gedanke daran, sich entspannen zu „müssen" führt schon zum Stress. Dann hast du doch sicher eine eigene Strategie?

Gehst du gerne spazieren? Oder liest du gerne? Treibst du Sport oder entspannst du dich bei einem fröhlichen Abend mit Freunden? Vielleicht hörst du gerne Musik oder lässt dich von einer schönen Stimme durch eine Fantasiereise führen? Dann fang jetzt damit an!

Überlegungen:

Was ist/sind deine Entspannungs-Strategie/n?
Wann und wie oft entspannst du dich?
Reicht das aus? Oder würdest du dich gerne öfter entspannen?

Hast du Lust, etwas Neues auszuprobieren?

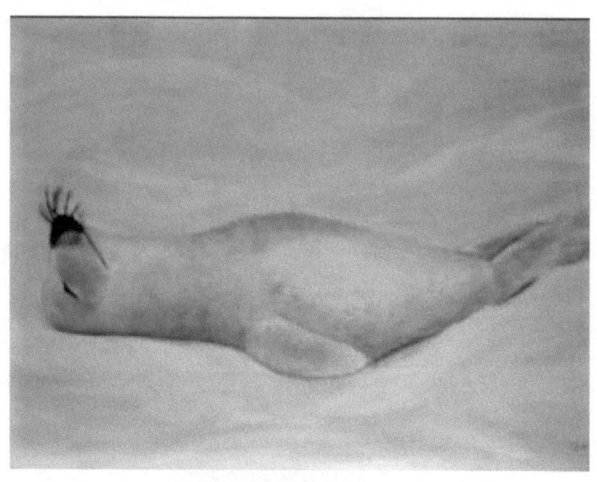

Wie klappt es mit dem Schlaf?

Schlaf ist so lange kein Thema, bis es damit nicht mehr klappt. Wenn du pflegend tätig bist, ist die Wahrscheinlichkeit groß, dass du abends müde ins Bett fällst und gleichsam wie im Koma liegend schläfst, bis morgens der Wecker geht.
Es sei denn
- du musst nachts das Bett verlassen, weil jemand deine Hilfe benötigt. Die Bettdecke ist verrutsch oder die Nase läuft, dein Angehöriger möchte umgelagert werden oder muss zur Toilette.
- weil laute Geräusche oder die Unruhe eines anderen dich wecken. Vielleicht hat dein Angehöriger nächtliche Panikattacken oder schläft einfach nur schlecht und beschäftigt sich mit lautstarken Fantasie-Disputen oder singt ein Lied.
- weil du mit nächtlichen Störungen rechnest und deshalb immer „ein Ohr auf Empfang" hast. Manche Menschen

können nicht abhusten oder geraten aus anderen Gründen schnell in Verletzungs- oder Lebensgefahr. Dann achtet man als Pflegender auf jedes kleine Geräusch.
- weil dir so Vieles durch den Kopf geht und die Gedanken dich nicht loslassen.

Natürlich brauchst du deinen Schlaf. Du musst und willst schlafen, weil dir ansonsten am nächsten Tag Energie fehlt. Das Problem ist: Schlaf lässt sich nicht erzwingen. Wenn du schlafen willst, klappt es meistens nicht. Du hast damit mehr Erfolg, wenn du dir wünschst wach zu bleiben. Das klingt paradox, aber wahrscheinlich kennst du das bereits. Vielleicht gehörst du zu denjenigen, die abends vorm Fernseher einschlafen und später im Bett die Kurve nicht mehr kriegen. Das Thema ist so alt, wie es Fernseher gibt. Vor dem Fernseher kann man gut abschalten. Hat man dort schon mal geschlafen, ist die für das Einschlafen im Bett nötige Schläfrigkeit vorbei. Nun könnte man auf die Idee kommen, den Fernseher vor das Bett zu stellen, aber der Schlaf davor ist wegen der Geräuschkulisse alles andere als tief und die erholsamen Schlafstadien werden nicht erreicht.
Alkohol hat einen ähnlichen Effekt. Zwar entspannt er zunächst und macht müde, aber auch er unterdrückt den Tiefschlaf, wenn zu viel davon genossen wurde. Und dann ist da ja auch noch die Sache mit dem Suchtpotential…

Was also kann man tun?
Voraussetzung für das Einschlafen ist Entspannung. Da ist es wieder, das Wort: „Entspannung". Verschiedene Entspannungsverfahren habe ich bereits beschrieben.
Das Vermeiden von Coffein am Nachmittag kann helfen, genauso wie das Vermeiden von schweren Mahlzeiten am

späten Abend. Der Körper hat dann nachts mit der Verdauung noch zu viel zu tun und lässt dich nicht zur Ruhe kommen. Einschlafrituale sind eine gute Einrichtung, um den Alltag vom Schlaf zu trennen. Meine Großeltern hatten dafür das Abendgebet. Heute empfiehlt man depressiv gestimmten Menschen, am Ende des Tages darüber nachzudenken, was gut war an diesem Tag und dafür dankbar zu sein. Auch das wirkt entspannend.

Andere schreiben Tagebuch oder lesen ein paar Seiten. Vielleicht findest auch du etwas, dass du als Ritual nutzen kannst?

Wenn trotz allem die Gedanken im Kopf herumkreisen und nicht aufhören, dich zu bedrängen, probiere doch mal die Gedanken-Stopp-Technik:
Sage einfach „Stopp!" zu deinen Gedanken, und vielleicht noch: „Ihr könnt morgen wieder kommen!" Wenn es beim ersten Mal nicht klappt, versuche es ein zweites oder drittes Mal. Das klingt verrückt oder zu einfach? Probiere es aus! Du wirst staunen, wozu unser Denken uns befähigt.
Du kannst alternativ aufstehen und alles aufschreiben, was dir durch den Kopf geht, ohne Wertung und Beachtung von Schreibregeln. Am nächsten Morgen schaust du dir an, was du geschrieben hast. So bist du sicher, dass kein Gedanke über Nacht verloren geht und für deine Gedanken hat das den Effekt des Ordnens.

Nicht so einfach ist der Umgang damit, dass nachts deine Hilfe benötigt wird. Ich kenne das aus eigener Erfahrung. Ich habe mich irgendwann daran gewöhnt, nachts aufstehen zu müssen, und bin danach sofort wieder eingeschlafen. Am

anderen Morgen habe ich mich ausgeschlafen gefühlt. Das war mein Glück.
Vielleicht ist es dir ja möglich, dich mit jemandem abzuwechseln, so dass du nicht jede Nacht den Bereitschaftsdienst übernehmen musst. Dann hättest du wenigstens ab und zu mal die Möglichkeit durchzuschlafen.

Überlegungen:

Welches Einschlaf-Ritual hast du bereits oder führst du jetzt ein?
Wer könnte deinen nächtlichen „Bereitschaftsdienst" übernehmen? Wann und wie oft?
Wenn die „Bereitschaft" organisiert ist, wo könntest du wirklich ruhig schlafen ohne etwas von den nächtlichen Aktivitäten mitzubekommen?

Loslassen

„Wer loslässt, hat die Hände frei", sagt ein altes Sprichwort.
„oder: der stürzt ab", wirst du vielleicht gerade denken.

Eigentlich ist es so leicht und doch fällt es so schwer. Es ist ein
Thema, das uns unser Leben lang begleitet, weil Leben
Veränderung bedeutet und Veränderung heißt, etwas
aufgeben, damit etwas Neues entsteht.

Wenn ein Familienmitglied pflegebedürftig wird, kommt eine
Menge auf uns zu, was sich verändern muss und wird.

Zuerst betrifft es das Familienmitglied selbst. Es erfährt
einschneidende Einschränkungen, sei es körperlich oder geistig
oder beides zusammen. Vielleicht hat es körperliche
Schmerzen, Ängste vor Operationen, vor Verlust von Arbeit
und Ansehen, vor Verlust von Zuneigung und sozialen

Kontakten, vor Verschlimmerung des Zustands oder gar vor dem Sterben und dem Tod.

Kinder, die betroffen sind, spüren, dass sie anders sind als die vielen gesunden Kinder. Sie wünschen sich dann, dass sie genauso sein können und genauso viele Fähigkeiten haben wie andere in ihrer Umgebung.

Sie alle spüren, dass sie auf Hilfe angewiesen sind. Das kann zutiefst verunsichern.

Es geht um das Loslassen von Selbständigkeit, von persönlichen Zielen und Träumen und von Lebensqualität. Das fühlt sich an wie ein Absturz. Und es verändert die Persönlichkeit.

Warum schreibe ich das, es geht doch hier um Resilienz und nicht darum, wie du dich in eine Depression stürzt?!

„Alles verstehen heißt alles verzeihen", ist eine buddhistische Weisheit. Wenn du verstehst, was mit deinem Angehörigen passiert, kannst du verstehen, warum er sich dir gegenüber anders verhält, als du es dir wünschst und es gewohnt bist. Das schützt dich davor, Kränkungen zuzulassen und Verletzungen persönlich zu nehmen.

Aber Achtung: Hüte dich vor Mitleid. Das belastet dich viel zu sehr. Mit-Leiden bedeutet sich emotional mit dem Leidenden zu verbinden. Man möchte auf keinen Fall selbst in diese Lage kommen und ist froh es nicht zu sein. Dadurch stellt man sich über die leidende Person, fühlt sich jedoch vor lauter (Selbst)Mitleid hilflos und unfähig etwas zu tun.

Mitgefühl ist wichtig, also das Sich-Hineinfühlen in die Lage und Gefühlswelt eines anderen und das Nachvollziehen-können. Dies geschieht aus einer objektiven Sichtweise heraus, mit emotionalem Abstand. Mitgefühl macht uns geduldiger und verständnisvoller. Wir versetzen uns in eine Situation und finden dadurch leichter sinnvolle Lösungen für die Probleme im Alltag.

Der Angehörige hat in deiner Familie Rollen ausgefüllt und Aufgaben übernommen, die er eventuell nicht mehr ausfüllen kann. Es kann sich um einen Partner handeln, mit dem du einmal alles geteilt und besprochen hast und der nun nicht mehr mit dir auf Augenhöhe kommunizieren kann. Du kannst mit ihm Unternehmungen nicht in gewohnter Weise vornehmen.

Oder ein Elternteil, das immer für dich da war und dich unterstützt hat, ist nun selbst hilfsbedürftig.

Oder eine Schwester/ein Bruder, um den du dich nie kümmern musstest, weil er/sie einen eigenen Weg gegangen ist, braucht nun deine ganze Aufmerksamkeit.

Oder ein Kind durchkreuzt deine Träume und Erwartungen mit außergewöhnlichem Unterstützungsbedarf.

Mit dem Eintritt einer Pflegesituation verändert sich die Familienstruktur. Aufgaben und Rollen müssen neu geordnet und verteilt werden. Das heißt Abschied-nehmen von alten Gewohnheiten. Es heißt, das, was fehlt, anders auszufüllen und das, was war, loszulassen. Das ist ein Prozess, es gelingt nicht so einfach mal eben. Dazu braucht es eine innere Bereitschaft und viel Geduld und Kraft. Der Trauerprozess, wie ich ihn ganz am Anfang beschrieben habe, muss erst durchlaufen werden. Man muss in der Lage sein, die Gefühle, die mit dem Erinnern an das Vergangene und an unmöglich gewordene Zukunftspläne entstehen, auszuhalten, zuzulassen und zu akzeptieren. Erst dann hat man „die Hände frei" und kann das Neue anpacken, Verantwortung übernehmen und Kreativität entwickeln.

Als Pflegender sitzt du mit deinem Angehörigen in einem Boot. Du bist mit ihm verbunden durch Liebe, Fürsorge und Pflichtgefühl. Das sind Bänder, die sich so um dich wickeln, dass es sehr schwer ist, sie zu lösen. Es kann schon damit anfangen, wenn du ihn nur für kurze Zeit, zum Beispiel für ein Wochenende, in fremde Hände gibst. Du hast Schuldgefühle, weil du dir etwas gönnst – ohne ihn. Du denkst ständig, wie es wohl läuft und ob es ihm gut geht. Du kannst diese Gedanken kaum verhindern, deshalb lasse sie vorbeiziehen. Halte dich nicht daran fest, denn wenn das Wochenende einen Sinn hat, dann doch den, dass du etwas für sich tust und dadurch Energie tankst. Das kommt deinem Angehörigen zugute!

Solche Auszeiten bereiten dich und deinen Angehörigen darauf vor, dass es eine Zeit geben kann, in der du nicht mehr pflegen kannst. Du kannst krank werden oder der Pflegeaufwand wird zu groß für dich. Du kannst herausfinden, wie es gut gelingt und wo dein Angehöriger sich wohl fühlt. Das gilt gerade auch für Kinder. Denke schon früh daran, dass du dein Kind irgendwann loslassen musst. Erwachsene Kinder haben einen Anspruch auf ein Leben außerhalb des Elternhauses. Du bleibst Ihnen als Vater oder Mutter ja erhalten! Und du hast eine wichtige Aufgabe, nämlich diesen Weg aus dem Elternhaus zu begleiten. Niemand kennt dein Kind so gut wie du, deshalb sind Betreuer und Pfleger auf deine Erfahrungen und Hinweise angewiesen.
Ein Auszug in ein Wohnheim oder eine Wohngruppe bedeutet eine Erweiterung des sozialen Umfelds. Es bedeutet die Chance auf eine Weiterentwicklung und sei sie noch so klein. Mir wurde von Betreuern in Wohnbereichen versichert, dass der beste Zeitpunkt für einen Wohnungswechsel in einem Lebensalter von 20 – 25 Jahren liegt. Dann sei es am

einfachsten sich an ein neues Umfeld zu gewöhnen. Je älter man wird desto schwieriger wird es.
Und auch Eltern haben ein Recht auf ein eigenständiges Leben, wenn die Kinder erwachsen geworden sind!

Ein Angehöriger, der gepflegt werden muss, egal ob Kind oder Erwachsener, nimmt viel Zeit und Aufmerksamkeit in Anspruch.
Das ist Zeit und Aufmerksamkeit, die anderen fehlen wird.
Nicht alle in deinem Umfeld werden das gut finden. Es wird zu Konflikten kommen. Du wirst es nicht allen Recht machen können. Versuche es erst gar nicht! Menschen, denen du wichtig bist, werden mit dir darüber sprechen, Verständnis haben und Hilfe anbieten.

Nur Kinder sind dazu nicht in der Lage, für sie musst du die Initiative ergreifen und es Ihnen erklären. Sie werden es verstehen und trotzdem Ihren Anteil am Fürsorge-und-Liebe-Kuchen brauchen. Das ist wichtig für Ihre Entwicklung und etwas, wofür du von dem zu Pflegenden Verständnis erwarten kannst.

Überlegungen:

Welche Kränkungen oder Zurückweisungen beschäftigen dich? Sind sie es wert?
Worauf verzichtest du auf Grund der Pflegesituation und vermisst du es? Was könnte eine Alternative dazu sein?

Glücklich sein: trotzdem und gerade deswegen

Es gibt viele Strategien um mit Schwierigkeiten umzugehen.

Man kann so tun, als ob es keine Schwierigkeiten gibt. Alles bleibt so wie es ist, nichts wird verändert. Nach außen hin muss der Anschein bewahrt bleiben, dass alles noch so funktioniert wie bisher. „Wir haben keine Probleme!"
Das ist eine sehr anstrengende Strategie, denn die Krise muss zusätzlich zu allem anderen, was bislang bereits den Tag ausgefüllt hat, bewältigt werden.
Man kann sich sagen, dass es einen selbst nicht betrifft. „Das geht mich nichts an!" Diese Strategie neigt dazu, nicht nachhaltig zu sein. Das Verdrängte holt dich irgendwann ein,

zum Beispiel in Form von Gewissensbissen oder Verlust von Achtung und Ansehen: „Du hast dich nicht gekümmert!"
Man kann sich ausgiebig darüber informieren – Wissen beruhigt. Es gibt nichts, was nicht irgendwer schon einmal erlebt hat, deshalb gibt es Informationen in Form von Büchern, Videos, Selbsthilfegruppen … Oder man kann jemanden fragen, der sich auskennt.
Man kann einen Sinn in der Krise entdecken. „Was uns nicht umbringt, macht uns stärker" ist ein altes Sprichwort. Eine Krise kann aber auch einen ganz anderen Sinn haben, z. B., dass man erkennt, was wichtig ist im Leben.

Mann kann Schwierigkeiten als etwas Natürliches im Leben akzeptieren und nach Lösungen suchen.

Vielleicht hast du noch eine ganz andere Strategie oder mehrere Strategien nacheinander oder gleichzeitig. Vielleicht bist du religiös und findest hier Zuspruch und Trost. Es gibt nicht den einen Weg zum Glück. „Jede Jeck es anders, jeder es anders jeck und jeck sin mir all. (Jeder Narr ist anders, jeder ist anders närrisch, und ein bisschen närrisch sind wir alle)", heißt es im Rheinischen Grundgesetz.

Die Fürsorge für unsere Angehörigen verändert unsere Wahrnehmung und Wertschätzung. Wir lernen die kleinen Zeichen der Liebe und Dankbarkeit zu lesen, die kleinen Erfolge zu schätzen. Ein kleines Lächeln, eine zarte Berührung kann so viel bedeuten, wenn es von jemandem kommt, der dazu selten in der Lage ist. Ein Abend mit Freunden, ein Kino-, Konzert- oder Theaterbesuch kann sich anfühlen wie ein Geschenk, wenn man selten die Gelegenheit dazu hat. Wir Pflegenden brauchen nicht viel um glücklich sein zu können. Meist reicht es uns bereits, wenn es dem Angehörigen gut geht.

Es gibt ein wunderschönes Gedicht von Erich Fried, das mir auf meinem Weg zum Glücklich-sein geholfen hat. Es heißt „Was es ist". Jede Strophe endet mit dem Satz: „Es ist was es ist, sagt die Liebe."

Dieser Satz wurde zu meiner Formel, um das Familienschicksal zu akzeptieren. Es hat mir geholfen, mich immer wieder daran zu erinnern, warum ich mich um meine Angehörigen gekümmert habe: aus Liebe zu ihnen. Und wenn es mir mal wieder zu viel wurde und die ersten Anzeichen von Aggression sich breit machen wollten, habe ich mich daran erinnert: Ich tue es aus Liebe! Glaube mir, ich musste mich des Öfteren daran erinnern, aber es hat mir immer wieder neu meine Geduld zurückgegeben.

Eine Pflegesituation verhindert nicht, dass man gemeinsam Spaß hat! Humor ist eine wichtige Säule für die Resilienz. Kaum hat man gelacht, schon ist einem leichter ums Herz. Am besten gelingt Humor, wenn man sich selbst und die Situation um sich herum nicht so ernst und wichtig nimmt. Ist gerade ein Malheur passiert? Okay, das muss mir mal erst jemand nachmachen...!

Es gibt vieles, was man selbst mit einem Rollstuhlfahrer erleben kann: z. B. Urlaube, Ausflüge, Konzerte, Theater, Restaurant- und Kinobesuche. Der einzige Unterschied ist: man muss sich vorbereiten. Für Fahrten mit dem Zug und für Flüge sollten Rollstühle angemeldet werden, damit die Bahn und die Flughäfen Vorkehrungen treffen können. Die Eignung von Unterkünften vorher zu klären und rechtzeitig zu buchen macht Sinn, da nicht überall geeignete Zimmer vorhanden sind. Ich habe mir angewöhnt mich danach zu erkundigen, was man vor Ort mit dem Rollstuhl unternehmen kann, damit wir nicht auf dem gebuchten Zimmer festhängen.

Für Rollstuhlfahrer müssen in der Regel besondere Konzertkarten gekauft werden. Dazu ist oft ein zusätzlicher Anruf beim Veranstalter nötig. Für PKWs sind fast immer besondere Parkplätze in Eingangsnähe reserviert. Platz-Einweiser für Parkplätze lenken die Fahrer, sofern diese einen entsprechenden Parkausweis zeigen.

Grundsätzlich ist zu klären, wie barrierefrei etwas ist, damit man kräftezehrende Einsätze und Frustrationen vermeidet. Zu wissen, wo Toiletten für Rollstuhlfahrer sind, ist ebenfalls sehr hilfreich. Übrigens kann man für öffentliche Toiletten einen Euroschlüssel kaufen bei entsprechendem Nachweis der Notwendigkeit, z.B über die Seite https://www.behindert-barrierefrei.de/euroschluessel_wc/.

Vor einem Restaurantbesuch empfehle ich ebenfalls zu erfragen, ob ein Behinderten-WC und genügend Platz zum Rangieren mit dem Rollstuhl vorhanden ist.

Hat man sich gut vorbereitet, dann kann der Event gemeinsam genossen werden!

Auch wenn bei mir immer eine gewisse Anspannung vorhanden war aus Sorge, ob alles so klappt, wie wir es uns vorstellen und so, dass wir es bewältigen können, haben wir viel unternommen. Ich erinnere mich gerne an jeden Ausflug. Wir haben viele Fotos gemacht. Da ich ein ordnungsliebender und visueller Mensch bin, habe ich in jedem Jahr ein Foto-Jahrbuch erstellt. So erhalte ich mir die schönen Erinnerungen und kann sie jederzeit wieder hervorholen.

Den Blick heben und auf das Schöne und auf die Freude schauen statt ausschließlich auf die Mühen und Sorgen, unterstützt dich in deiner Kraft und bei deinem Durchhaltevermögen. Frage dich lieber regelmäßig: „Was war gut? Was hat gut funktioniert? Worüber haben wir gelacht?" Es macht den Alltag leichter und unterstützt dich in deiner Resilienz.

Eines schönen Tages saß ich auf der Terrasse in der Sonne und sinnierte über mein Leben. Da war ich mir plötzlich sicher: Ich möchte kein anderes Leben! Alles ist gut. Ich habe viel geschafft und bin stolz darauf. Das ist mein Glück.

Überlegungen:

Hast du heute schon gelacht? Worüber?
Was hat heute gut geklappt?
An welches schöne Ereignis erinnerst du dich jetzt – ganz spontan?

Danke!

Ich habe eine wunderbare Familie und dafür bin ich außerordentlich dankbar: Danke, dass wir zusammenstehen – was auch kommt!

Danke auch an die vielen Unterstützer, die uns durch die Jahrzehnte begleitet haben – punktuell oder über längere Zeit, mit Ideen, körperlichem Einsatz oder moralisch! Danke für die Freundschaften, die geblieben sind!

Danke an Carola Brands und Monika Zurlinden, die mit ihren Erfahrungen vorab gelesen haben, was ich veröffentlichen wollte. Sie haben mir Mut gemacht!

Danke an alle, die im Pflegebereich tätig sind: ohne euch wären wir verloren!

Wenn du deine Erfahrungen mitteilen oder mir ein Feedback geben möchtest, kontaktiere mich gerne:
Mail@praxishellmann.info

Zeitfracht Medien GmbH
Ferdinand-Jühlke-Straße 7
99095 Erfurt, Deutschland
produktsicherheit@kolibri360.de